BUCHNERS LESEBUCH
LATEIN
AUSGABE A2

C.C.BUCHNER

BUCHNERS LESEBUCH LATEIN
AUSGABE A2

Herausgegeben von Clement Utz.

Bearbeitet von Michael Dronia, Stefan Kipf, Alexandra Köhler, Birgit Korda, Michael Lobe, Christian Müller, Stefan Müller und Wolfgang Polleichtner unter Mitarbeit von Gerhard Hertel.

1. Auflage 1 ⁶⁵⁴³²¹ 2018 17 16 15 14 13
Die letzte Zahl bedeutet das Jahr dieses Druckes.
Alle Drucke dieser Auflage sind, weil untereinander unverändert, nebeneinander benutzbar.

Dieses Werk folgt der reformierten Rechtschreibung und Zeichensetzung. Ausnahmen bilden Texte, bei denen künstlerische, philologische oder lizenzrechtliche Gründe einer Änderung entgegenstehen.

© C.C.Buchners Verlag 2013
Das Werk und seine Teile sind urheberrechtlich geschützt. Jede Nutzung in anderen als den gesetzlich zugelassenen Fällen bedarf der vorherigen schriftlichen Einwilligung des Verlages. Das gilt insbesondere auch für Vervielfältigungen, Übersetzungen und Mikroverfilmungen. Hinweis zu § 52a UrhG: Weder das Werk noch seine Teile dürfen ohne eine solche Einwilligung eingescannt und in ein Netzwerk eingestellt werden. Dies gilt auch für Intranets von Schulen und sonstigen Bildungseinrichtungen.

www.ccbuchner.de

Lektorat: Bernd Weber, Jutta Schweigert
Grafik und Satz: Artbox, Bremen
Einbandgestaltung: creo Druck & Medienservice, Bamberg / Julia Weismantel
Druck und Bindung: Stürtz GmbH, Würzburg

ISBN 978-3-7661-5152-0

Inhalt

Vorwort 4

Abkürzungen und Zeichen 5

Rhetorik für die Republik –
Cicero gegen Antonius 6

Ciceros rhetorische Strategie 10
Ciceros Scheitern 31

Mythos und Verwandlung –
Ovids Metamorphosen 34

Pyramus und Thisbe 37
Daedalus und Icarus 43
Orpheus und Eurydice 48
Pygmalion 54

Kommunikation im Brief –
Cicero und Plinius 60

Stadt und Land 62
Ehe und Familie 68
Sklaven 77
Spiele und Freizeit 91

Denken und Handeln –
Texte zur Philosophie 96

Was lernen wir aus dem Verhalten der Menschen? 99
Wie ist die Welt aufgebaut? 105
Was kann uns Sokrates sagen? 112
Was leistet die Philosophie? 116

Grundwissen 118

Rhetorik für die Republik – Cicero gegen Antonius 118
Mythos und Verwandlung – Ovids Metamorphosen 118
Kommunikation im Brief – Cicero und Plinius 119
Denken und Handeln – Texte zur Philosophie 120
Stilmittel 121
Metrik 123

Wörter und Namen 124

Weiterführende Literatur 132

Bildnachweis 132

Vorwort

Liebe Schülerinnen und Schüler,

dieser zweite Band unseres Lesebuchs enthält lateinische Texte, die Sie erarbeiten und erschließen können, wenn Sie schon etwas Erfahrung mit lateinischer Originallektüre haben.

Die ausgewählten Textstellen sind nach Autoren oder Themen gruppiert, ausführlich kommentiert und mit verschiedenen Aufgaben, mit Illustrationen, Begleittexten und Sachinformationen aufbereitet. Die in diesem Lesebuch vorgegebene Abfolge der Texte und Autoren ist nur ein Vorschlag – Ihre Lehrkraft kann die einzelnen Lektüreblöcke oder die Texte innerhalb der Blöcke auch in anderer Weise sinnvoll organisieren und an Ihren Interessen ausrichten.

Worum geht es in den vorliegenden Texten? Sie befassen sich mit **Cicero**, dem herausragenden Redner Roms, und erfahren bei der Lektüre von wichtigen Auszügen aus seinen *Philippischen Reden*, wie er – auch mit allen rhetorischen Mitteln – um den Erhalt der römischen Republik ringt, letztlich aber scheitert. Mit **Ovids** *Metamorphosen* lernen Sie ein dichterisches Werk der Weltliteratur kennen, das Sie zur Auseinandersetzung mit menschlichen Verhaltensweisen anregt, die bildhaft an mythischen Figuren deutlich werden und spielerisch ausgestaltet sind. Einblicke in die Lebensart der Römer, ihre Wertvorstellungen und ihre Gesellschaft erhalten Sie durch die Lektüre von Briefen des **Plinius**, die – zusammen mit anderen Texten – verschiedene Themenbereiche beleuchten. Die Textauswahl unseres letzten Blocks macht Sie schließlich mit philosophischen Grundfragen bekannt; anhand von Texten des Philosophen **Seneca**, des Dichters **Lukrez**, des christlichen Schriftstellers **Laktanz** und **Ciceros**, des wichtigsten Vermittlers griechischer Philosophie in Rom, werden Sie angeregt, über die Welt, über menschliches Handeln und die individuelle Lebensgestaltung nachzudenken.

Die Texte (**T**) sind innerhalb der einzelnen Lektüreblöcke in überschaubare Einheiten gegliedert; diese sind nummeriert und jeweils mit Aufgaben versehen, die auch eine eigenständige Erschließungskompetenz fördern. Weitere Sachinformationen erhalten Sie durch die ebenfalls nummerierten Informationskästen (**I**). Zusatzmaterialien, Begleittexte usw. sind unter der Sigle **M** zusammengestellt; sie dienen auch der Erweiterung der Kulturkompetenz.

Die adlinear beigefügte Kommentierung gibt Hilfen zu Wortschatz und Satzstruktur, bei Eigennamen und Ortsbezeichnungen verweist sie (mit *EV*) immer wieder auf das nach den Lektüreblöcken gegliederte Verzeichnis der **Namen** am Ende des Bandes; dort findet sich auch weiterführende Literatur.

Zur sprachlichen Erarbeitung der Texte wird in aller Regel vor den einzelnen Einheiten in einem Kasten auf Wort- und Sachfelder, grammatische Phänomene und Stilmittel hingewiesen, die für die Übersetzung und Erschließung dieser Passage wichtig sind und daher vorab wiederholt werden sollten; dieses Material kann auch für binnendifferenzierendes Arbeiten genutzt werden.

Die Kenntnis der Vokabeln, die in der Wortkunde *adeo-Norm* enthalten sind, wird vorausgesetzt. **Wörter**, die dort nicht aufgenommen wurden, die Sie aber für die Lektüre der Texte mehrfach benötigen, sind blockweise am Ende des Buches zusammengestellt; wenn Sie sich vor der Lektüre damit beschäftigen, können Sie Ihre Kenntnisse unmittelbar anwenden und die Texte schneller verstehen.

Auch ein **Grundwissen** zu den Autoren und Gattungen, zu wichtigen Stilmitteln und deren Interpretation sowie zur Metrik finden Sie am Ende dieses Lesebuchs.

Viel Erfolg bei der Arbeit mit den Themen und Texten wünschen Ihnen die Verfasser.

Abkürzungen und Zeichen

– (über Vokal)	langer Vokal	jdm.	jemandem
∪ (über Vokal)	kurzer Vokal	jdn.	jemanden
x	anceps (der Vokal ist entweder kurz oder lang)	jds.	jemandes
		Jh.	Jahrhundert
|	Ende eines Versfußes	Jh.s	Jahrhunderts
||	Zäsur	Konj.	Konjunktiv
→	siehe	L.	Lucius (römischer männlicher Vorname)
Abb.	Abbildung		
Abl.	Ablativ	lat.	lateinisch
AcI	Akkusativ mit Infinitiv	m	Maskulinum
Adj.	Adjektiv	M	Material
Adv.	Adverb	M.	Marcus (römischer männlicher Vorname)
Akk.	Akkusativ		
AU	Der Altsprachliche Unterricht (Latein/Griechisch)	m.	mit
		n	Neutrum
Bd.	Band	n. Chr.	nach Christus
bzw.	beziehungsweise	P.	Publius (römischer männlicher Vorname)
C.	Gaius (römischer männlicher Vorname)		
		Perf.	Perfekt
ca.	circa (ungefähr)	PFA	Partizip Futur Aktiv
D.	Decimus (römischer männlicher Vorname)	Pl.	Plural
		poet.	poetisch
Dat.	Dativ	PPP	Partizip Perfekt Passiv
DDR	Deutsche Demokratische Republik	röm.	römisch
		S.	Seite
Dekl.	Deklination	s.	siehe / salutem (dicit)
d. h.	das heißt	Sg.	Singular
dt.	deutsch	sog.	sogenannt
erg.	ergänze	Subj.	Subjunktion
erl.	erläutert	Subst.	Substantiv
etw.	etwas	T	Text
EV	Eigennamenverzeichnis	u. a.	unter anderem
f	Femininum	Ü	Übersetzung
f.	(und die) folgende (Seite)	übers.	übersetzt
ff.	(und die) fortfolgenden (Seiten; also „und die nächste, über-nächste usw. Seite")	usw.	und so weiter
		v.	Vers
		v. a.	vor allem
Fut. I	Futur I	v. Chr.	vor Christus
Fw.	Fremdwort	Verg.	Vergangenheit
Gen.	Genitiv	vgl.	vergleiche
gest.	gestorben	Z.	Zeile
ggf.	gegebenenfalls	z. B.	zum Beispiel
griech.	griechisch	z. T.	zum Teil
hrsg.	herausgegeben		
I	Informationstext		
Imp.	Imperativ		
indekl.	indeklinabel		
indir.	indirekt		

Rhetorik für die Republik – Cicero gegen Antonius

Antoine Caron: Das Massaker unter dem Triumvirat. 1566. Paris, Musée du Louvre.

Ciceros **Philippische Reden** sind untrennbar verbunden mit dem Bürgerkrieg in der Zeit von der Ermordung Caesars (15. März 44 v. Chr.) bis zum Abschluss des zweiten Triumvirats (27. November 43 v. Chr.). Diese letzte Phase der römischen Republik ist eine der turbulentesten und verwirrendsten Episoden der römischen Geschichte. Vor allem drei Personen bestimmten das Geschehen: Cicero stand an der Spitze der Senatspartei, sein Gegner war Marcus Antonius. Die dritte wichtige Person war C. Iulius Caesar Octavianus, der spätere Kaiser Augustus. Um einen Überblick über das teilweise chaotische Geschehen zu behalten, sollen zunächst – alphabetisch geordnet und in Form von „Lexikonartikeln" – die wichtigsten Personen und Aspekte zum Thema *Philippische Reden* vorgestellt werden.

M. Antonius, geb. 82 v. Chr. aus plebejischer Familie, war eine skandalumwitterte und schillernde Gestalt. Er war ein glänzender Soldat, der für Caesar wichtige Schlachten gewann, aber auch ein Frauenheld (viermal verheiratet, berühmt durch sein Verhältnis mit Kleopatra), ein brutaler, skrupelloser Mensch und Verschwender, der für seinen ausschweifenden Lebenswandel bekannt war.

Seine Karriere verdankte er Caesar: Im Jahre 44 v. Chr. war er gemeinsam mit ihm Konsul, nach Caesars Ermordung nahm A. als Konsul die Dinge in die Hand. Alles deutete darauf hin, dass er Caesars Nachfolger werden könnte. Doch durch das Auftauchen Octavians am 6. Mai 44 v. Chr., der von Caesar in seinem Testament als Nachfolger eingesetzt worden war, änderte sich die Lage: A. bekam einen Konkurrenten, der bei Caesars Soldaten beliebt war und aus Caesars Vermögen gewaltige Reichtümer besaß. A. wurde nervös und machte einen Fehler: Als er sich D. Iunius Brutus Albinus zum Feind machte (A. peitschte als Konsul ein Gesetz durch, das ihm die reiche Provinz Gallien zuteilte, obwohl sie dem Brutus schon versprochen war), hatte er den Bogen überspannt. Am 1. August hielt L. Calpurnius Piso im Senat eine heftige Rede gegen A., am 2. September ebenso Cicero.

Die Philipischen Reden

A. antwortete auf diese Rede Ciceros am 19. September mit einer scharfen Entgegnung, Cicero mit einer noch schlimmeren Beschimpfung des A. Diese Fehde zwischen Cicero und A. eskalierte zu einer Todfeindschaft, die in wüsten Schmähreden ausgetragen wurde.

Ciceros 14 Reden gegen A., die in der Zeit vom 2. September 44 bis zum 21. April 43 v. Chr. gehalten wurden, sind unter dem Titel *Philippische Reden* zusammengefasst. Cicero selbst prägte den Begriff, um an die Reden zu erinnern, die der athenische Redner Demosthenes zwischen 351 und 341 v. Chr. gegen den Makedonenkönig Philipp II., den Vater Alexanders, gehalten hatte. Cicero wollte damit den Eindruck erwecken, dass er ähnlich leidenschaftlich wie Demosthenes die Freiheit der Republik verteidigte und dass A. ähnlich dem machthungrigen Philipp diese Freiheit bedrohte.

Während der Zeit dieser 14 Reden sah es für A. nicht gut aus: Octavian (C. Iulius Caesar Octavianus) stellte mit seinem ererbten Vermögen eine Privatarmee auf, die er dem Senat gegen A. anbot; das war Hochverrat. Octavian warb sogar Soldaten ab, die A. bereits für sich rekrutiert hatte und die in Brindisi auf ihn warteten. Durch extrem harte Strafen versuchte A., seine Truppen wieder zurückzugewinnen, hatte aber keinen Erfolg. Ohne seine Legionen kehrte er am 28. November nach Rom zurück, regelte in Kürze das Notwendigste, nahm den Senatoren einen Treueschwur ab und vereidigte seine verbliebenen Legionen. Dann brach er nach Oberitalien auf, weil er erfahren hatte, dass Octavian auch dort versuchte, Legionen abzuwerben. Am 20. Dezember bot D. Brutus, der Statthalter von Gallien, dem Senat seine Truppen gegen A. an. Auch das war Hochverrat, denn A. war amtierender Konsul. Um Brutus zum Einlenken zu zwingen, belagerte ihn A. in der Stadt Mutina in Oberitalien, wo er sich mit vier Legionen verschanzt hatte. Im März schickte der Senat ein Heer unter dem Befehl der neuen Konsuln Hirtius und Pansa nach Mutina (heute Modena), das den eingeschlossenen Brutus befreien und A. schlagen sollte. Dies gelang am 14. April – A. musste fliehen –, doch beide Konsuln starben.

Der Senat billigte nachträglich den Hochverrat des Octavian, gewährte aber nur Brutus einen Triumph und wollte Octavian zwingen, sich Brutus zu unterstellen. Gekränkt zog Octavian seine Truppen zurück,

Szenenbild aus dem Film „Cleopatra". USA 1963. Mit Richard Burton als Marcus Antonius und Elizabeth Taylor als Kleopatra.

einigte sich im August 43 v. Chr. überraschend mit A. und schloss Ende Oktober 43 v. Chr. mit ihm und Lepidus das zweite Triumvirat ab. Dem hatte niemand mehr etwas entgegenzustellen.

M. Iunius Brutus (nicht zu verwechseln mit D. Iunius Brutus), geb. ca. 85 v. Chr., wurde von Caesar gefördert, der ihn 44 v. Chr. zum Prätor machte. Im Februar 44 v. Chr. kam es zum Bruch mit Caesar, als dieser sich zum Diktator auf Lebenszeit ernennen ließ. Aus seiner philosophischen Grundhaltung heraus bekämpfte B. den Tyrannen Caesar und trat für die Erneuerung der Republik ein. Wegen der Namensgleichheit wurde er zudem in die Nähe des legendären L. Iunius Brutus gebracht, der angeblich den letzten König Tarquinius Superbus vertrieben und die Republik begründet hatte. Aufgrund seiner Nähe zu Caesar wurde B. mit Cassius zum Anführer der ca. 60 Verschwörer gegen Caesar. Im April 44 v. Chr., nach dem Attentat auf Caesar, musste er Rom verlassen, im August Italien. B. sammelte in Griechenland Truppen für die Sache der Caesarmörder, wurde aber bei Philippi 42 v. Chr. besiegt. Nach der Niederlage beging er Selbstmord.

C. Iulius Caesar, geb. am 13. Juli 100 v. Chr. (sein Geburtsmonat ist bis heute nach ihm benannt), der

Eroberer Galliens (51 v. Chr.), Sieger des Bürgerkriegs (49–46 v. Chr.), die wichtigste Einzelpersönlichkeit der späten römischen Republik (sein Name wurde zum Titel aller römischen Kaiser). Als er sich nach dem endgültigen Sieg über alle mit Pompeius verbündeten Truppen im Februar 44 v. Chr. zum Diktator auf Lebenszeit ernennen ließ, wuchs unter den römischen Adligen die Ablehnung. Noch bevor er zu dem geplanten Krieg gegen die Parther aufbrechen konnte, wurde er am 15. März 44 v. Chr. von einer Gruppe von Verschwörern getötet. Sein plötzliches Abtreten hinterließ ein völliges Chaos und Machtvakuum, vor allem, weil er keinen leiblichen Sohn hatte.

C. Iulius Caesar Octavianus (der spätere Kaiser Augustus), geb. als C. Octavius am 23. September 63 v. Chr. (im Konsulatsjahr Ciceros). Er stammte aus wohlhabender, aber wenig angesehener Familie (seine Mutter war eine Nichte Caesars) und wuchs bei seinem Stiefvater L. Marcius Philippus auf, geriet aber schnell unter den Einfluss seines Großonkels Caesar und nahm an dessen Feldzügen teil. Er wollte Caesars geplanten Feldzug gegen die Parther mitmachen und eilte deshalb im Herbst 45 v. Chr. nach Apollonia an die albanische Küste voraus, um Caesar dort zu erwarten. Dort erreichte ihn die Nachricht von Caesars Ermordung. Außerdem erfuhr er, dass Caesar ihn in seinem Testament vom September 45 v. Chr. adoptiert, als Haupterben eingesetzt und ihm die Verpflichtung auferlegt hatte, seinen Namen anzunehmen.

Er zögerte nicht, das Erbe anzunehmen, nannte sich sofort C. Iulius Caesar Octavianus, betrat Anfang Mai 44 v. Chr. Rom und ließ die Adoption bestätigen. Mit dem Erbe Caesars hatte er auch einen Teil von dessen riesigem Vermögen geerbt und ihm war die Aufgabe zugefallen, Caesars Versprechungen einzulösen, vor allem die Auszahlung von 300 Sesterzen für jeden Bürger Roms (bei 300 000 männlichen Einwohnern Roms ergibt das einen Betrag, für den man zehn Legionen für zwei Jahre hätte bezahlen können). Dadurch konnte O. vom ersten Augenblick an als Caesarerbe auftreten und sich beim Volk beliebt machen.

Die etablierten Politiker wurden aus dem völlig unbekannten und unerfahrenen 19-jährigen Mann nicht schlau und unterschätzten ihn, doch O. agierte sehr klug und setzte geschickt Caesars Geld und An-

sehen ein. Er verbündete sich einmal mit den Freunden und Nachfolgern Caesars um Antonius, dann mit Cicero und dem Senat, kurzzeitig sogar mit Brutus, dem Caesarmörder. Moralische Skrupel hinderten ihn kaum: Er beging Hochverrat, als er seine Truppen dem Senat gegen den regierenden Konsul Antonius zur Verfügung stellte und verlangte als Gegenleistung die Legalisierung seines Verhaltens und ein außerordentliches Kommando. In der 3. und 4. Philippischen Rede vom 20. Dezember 44 v. Chr. beeinflusste Cicero den Senat, diesem Plan zuzustimmen. Im Sommer 43 v. Chr. vollzog O. eine erneute Wende, näherte sich Antonius an und verbündete sich schließlich mit ihm. Den vereinigten Truppen beider hatte der Senat nichts mehr entgegenzusetzen: Als O. Ende Juli mit seinen Truppen auf Rom marschierte, brach der Widerstand des Senates sofort zusammen; in irregulärer Wahl wurde er zum Konsul gemacht und konnte das Erbe Caesars antreten.

M. Aemilius Lepidus, 90–12 v. Chr.; ein enger Gefolgsmann Caesars, der aber auch gute Beziehungen zu seinem Schwager M. Brutus, dem Caesarmörder, unterhielt. Vor seiner Prätur 49 v. Chr. trat L. kaum in Erscheinung, im gleichen Jahr machte ihn Caesar zum Diktator, zum Statthalter in Spanien (für 48/47 v. Chr.) und 46 v. Chr. zu seinem Mitkonsul. Bis zu Caesars Ermordung war er *magister equitum*. Am Abend vor seiner Ermordung war Caesar bei ihm zu Gast, bei dem Mord an Caesar war er nicht anwesend. Nach Caesars Tod lehnte L. sich an Antonius an, wurde durch dessen Unterstützung in irregulärer Wahl zum *pontifex maximus* gewählt und trat dann seine noch unter Caesar beschlossene Statthalterschaft an. In der Folgezeit spielte er eine sehr unklare Rolle, bot sich als Vermittler zu seinem Schwager Brutus, dem Caesarmörder, an und verhandelte mit Sextus Pompeius, dem Sohn des Pompeius, hielt aber auch engen Kontakt zu Antonius und leitete die entscheidende Wende im Bürgerkrieg ein, als er dem Antonius in einer fast aussichtslosen Situation seine Truppen überließ. L. war bekannt für seine Eitelkeit und seinen Ehrgeiz, in einem Brief an Cicero nennt ihn D. Brutus einen *homo ventosissimus* („sehr windiger Typ") und Cicero bezeichnet ihn – sechs Jahre vor den *Philippica* – als *iste omnium turpissimus et sordidissimus* („verkommenster und dreckigster Schurke von allen"). Zur Belohnung für seinen Seitenwechsel machten ihn Antonius und Octavian nach ihrer Einigung zum dritten Mann im zweiten Triumvirat.

M. Tullius Cicero, Roms größter Redner; geb. am 3. Januar 106 v. Chr. in Arpinum als Sohn einer adligen, aber unbedeutenden Familie. Aufgrund seiner glänzenden Rednergabe durchlief er eine Bilderbuchkarriere als Anwalt und Politiker, bekleidete alle politischen Ämter im frühestmöglichen Alter. Krönung seiner Laufbahn war sein Konsulat im Jahre 63 v. Chr., in dem er die Verschwörung Catilinas aufdeckte und niederschlug. Gleichzeitig war dies der erste Wendepunkt seines Lebens, denn wegen der angeblich gesetzeswidrigen Todesurteile gegen die Catilinarier wurde er 58–57 v. Chr. nach Griechenland verbannt.

57 v. Chr., nach seiner Rückkehr aus der Verbannung, war er zunächst politisch kaltgestellt, weil sich Caesar, Crassus und Pompeius zusammengeschlossen hatten (60 v. Chr. im ersten Triumvirat und der Neuauflage 56 v. Chr.) und die römische Politik so dominierten, dass alle anderen nur noch Statistenrollen spielten. Cicero führte in dieser Zeit zahlreiche Prozesse und schrieb theoretische Schriften über Rhetorik und Staatsphilosophie.

Im Bürgerkrieg zwischen Caesar und Pompeius schwankte Cicero lange, entschied sich dann erst, als es fast schon zu spät war, für den späteren Verlierer Pompeius. Nach der Entscheidungsschlacht bei Pharsalos (9. August 48 v. Chr.) ließ Caesar ihn für diese Entscheidung büßen, indem er Cicero zwar unbehelligt ließ, ihn aber zwang, Caesarianer, teilweise sogar persönliche Feinde, zu verteidigen. An der Ermordung Caesars war Cicero wohl nicht beteiligt, obwohl er mit dem führenden Caesarmörder Brutus seit Jahren eng befreundet war und dieser angeblich nach der Tat den blutigen Dolch in die Höhe hielt mit dem Ruf „Cicero!" – offenbar sah er in ihm den wichtigsten Repräsentanten der Republik. In dem Vakuum nach der Ermordung des allmächtigen Diktators Caesar nahm Cicero als Anführer des Senats eine Schlüsselstellung ein, allerdings setzte er – wie so oft in seinem Leben – in seiner Verblendung auf das falsche Pferd: Er ließ sich aus persönlicher Abneigung auf eine unnötige Privatfehde mit Antonius ein, hielt engen Kontakt zu dem Caesar-

Marcus Tullius Cicero. Marmorbüste aus dem 1. Jh. n. Chr. (?). Rom, Musei Capitolini.

mörder Brutus, und musste, fast zwangsläufig, alle seine Hoffnungen auf den jungen Octavian setzen, den er als den Retter der Republik feierte. Darin allerdings täuschte er sich: Er glaubte, den jungen, unerfahrenen Mann beherrschen und zu seinen Zwecken manipulieren zu können, in Wahrheit war es umgekehrt. Der Idealist Cicero glaubte, die Werte der alten Republik wiedererwecken zu können, der Realpolitiker Octavian aber hatte erkannt, dass es um einen Machtkampf ging, in dem letztlich nur der gewinnen konnte, der die meisten Soldaten unter seinem Kommando hatte.

Als sich im Sommer 43 v. Chr. Octavian mit Antonius verbündete, musste C. dies erkennen; seine idealistische Wertepolitik brach innerhalb von wenigen Tagen wie ein Kartenhaus in sich zusammen.

1 Erarbeiten Sie einzeln oder in Gruppen an Hand der „Lexikonartikel" kurze Vorträge zu den Personen und stellen Sie diese Ihren Mitschülern vor. Die „Experten" sollten im Laufe der Übersetzung immer wieder zu Rate gezogen werden, wenn Fragen zum historischen Hintergrund auftauchen.

2 Verdeutlichen Sie die Beziehungen der Personen zueinander in einem Schaubild oder Plakat.

Rhetorik für die Republik – Cicero gegen Antonius

Ciceros rhetorische Strategie

T1 Antonius, der Urheber alles Bösen

Sachfeld Vergehen
bellum, tollere, expellere
Grammatik AcI, indirekte Rede
Stilmittel Parallelismus, Klimax, Vergleich

Am 2. September hielt Cicero im Senat die *1. Philippische Rede* gegen Antonius. Antonius antwortete am 19. September mit einer scharfen Entgegnung, Cicero mit einer noch schlimmeren Beschimpfung des Antonius in einem langen Schreiben, das er am 24. Oktober seinem Freund und Verleger Atticus schickte. Dieses Schreiben wurde als *2. Philippische Rede* bekannt, da Cicero den Eindruck erweckte, es handle sich um eine wirklich gehaltene Rede. Diese „Rede" ist eine Generalabrechnung Ciceros mit der Person, der Politik und dem Leben des Antonius, den Cicero als Inbegriff von Lasterhaftigkeit und Verruchtheit hinzustellen versucht. Sogar den Bürgerkrieg zwischen Caesar und Pompeius habe Antonius verschuldet, da Caesar nach seiner eigenen Aussage den Bürgerkrieg begonnen habe, um das Recht der Volkstribunen des Jahres 49 v. Chr., zu denen auch Antonius gehörte, zu wahren.

Tu, tu, inquam, M. Antoni, princeps C. Caesari omnia perturbare cupienti causam belli contra patriam ferendi dedisti. Quid enim aliud
3 ille dicebat, quam causam sui dementissimi consilii et facti afferebat, nisi quod intercessio neglecta, ius tribunicium sublatum, circumscriptus a senatu esset Antonius? Omitto, quam haec falsa, quam levia,
6 praesertim cum omnino nulla causa iusta cuiquam esse possit contra patriam arma capiendi. Sed nihil de Caesare: tibi certe confitendum est causam perniciosissimi belli in persona tua constitisse.
9 O miserum te, si haec intellegis, miseriorem, si non intellegis hoc litteris mandari, hoc memoriae prodi, huius rei ne posteritatem quidem omnium saeculorum umquam immemorem fore, consules
12 ex Italia expulsos, cumque eis Cn. Pompeium, quod imperii populi Romani decus ac lumen fuit, omnes consulares, qui per valetudinem exsequi cladem illam fugamque potuissent, praetores, praetorios,
15 tribunos plebis, magnam partem senatus, omnem subolem iuventutis, unoque verbo rem publicam expulsam atque exterminatam suis sedibus!

---

[2] **bellum ferre** ~ bellum inferre

[4] **intercessiō** *f* Vetorecht *(Die Volkstribunen hatten das Recht, gegen Gesetze ihr Veto einzulegen.)*

[4] **iūs tribūnicium** Recht der Volkstribunen

[4/5] **circumscrībere** *(PPP circumscrīptum)* einengen

[5] *omittō, quam haec falsa, quam levia <sint>*

[9] **ō miserum tē:** *Akk. d. Ausrufs*

[10] **litterīs mandāre** schriftlich festhalten **posteritās, ātis** Nachwelt

[11] **immemor** ~ in-memor *expulsōs <esse>*

[13] **decus** Zierde **per** *hier:* wegen

[14] **exsequī** bis zum Ende mitmachen **praetōrius** ehemaliger Prätor

[16] **extermināre** vertreiben *expulsam atque exterminātam <esse>*

Ciceros rhetorische Strategie

18 Ut igitur in seminibus est causa arborum et stirpium, sic huius luctuosissimi belli semen tu fuisti. Doletis tres exercitus populi Romani interfectos: interfecit Antonius. Desideratis clarissimos cives: eos 21 quoque vobis eripuit Antonius. Auctoritas huius ordinis afflicta est: afflixit Antonius. Omnia denique, quae postea vidimus – quid autem mali non vidimus? – si recte ratiocinabimur, uni accepta referemus 24 Antonio. Ut Helena Troianis, sic iste huic rei publicae belli causa, causa pestis atque exitii fuit.

Cicero, Philippicae 2,53-55

[18] **sēmen, inis** *n* Samen **stirps, stirpis** *f* Strauch
[18/19] **lūctuōsus** leidvoll
[20] *interfectōs <esse>*
[21] **afflīgere** *(PPP* afflīctum*)* erschüttern
[23] **ratiōcinārī** überlegen, nachdenken **acceptum referre** anrechnen *(im Bankwesen)*
[24] **Helena** Helena *(→ EV)*
[25] **pestis, is** *f* Unglück **exitium** Untergang

1 Sammeln Sie die negativen Entwicklungen, für die Antonius verantwortlich gemacht wird. Wie glaubwürdig erscheinen Ihnen diese Anschuldigungen?

2 Nennen Sie die sprachlich-stilistischen Mittel, die Cicero in den Z. 18–25 benutzt, um die Schuld des Antonius rhetorisch zu verdeutlichen.

3 Untersuchen Sie, wer Adressat dieses Textes ist; betrachten Sie zur Beantwortung dieser Frage die verwendeten Pronomina und Verbformen.

4 Cicero spricht in **T1** als auktorialer Erzähler. Diskutieren Sie, ob diese Haltung zum Inhalt und zur Absicht des Redners passt.

Goldmünze (Aureus). Um 40 v. Chr. Vorderseite: Marcus Antonius. Rückseite: Octavia, die Gattin des Antonius und Schwester Octavians. Berlin, Staatliche Museen, Münzkabinett. Die Schrift auf der Vorderseite lautet aufgelöst: M(arcus) · ANTONIUS · IMP(erator) · III · VIR · R(ei) · P(ublicae) · C(onstituendae), also: Marcus Antonius, Imperator, Triumvir für die Wiederherstellung der Republik; „Imperator" nannten sich Antonius und Octavian nach ihrem Sieg über die Caesarmörder in der Schlacht bei Philippi (42 v. Chr.).

Rhetorik für die Republik – Cicero gegen Antonius

T2 Moralische Verworfenheit – der Anti-Römer Antonius

Schlimmer als die einzelnen politischen Fehler, Straftaten und Verbrechen, die dem Antonius zur Last gelegt werden können, ist nach Cicero sein gesamter Lebenswandel. Von früher Jugend an seien Skandale, Schulden, Habgier, Trunk- und Spielsucht und viele andere Laster die Konstanten seiner Entwicklung gewesen. Aufgrund dieses wüsten Lebens sei er mittlerweile völlig heruntergekommen:

Etenim quod umquam in terris tantum flagitium exstitisse auditum est, tantam turpitudinem, tan-
3 tum dedecus? Vehebatur in essedo tribunus plebis; lictores laureati antecedebant, inter quos aperta lectica mima portabatur, quam ex oppidis
6 municipales homines honesti, non noto illo et mimico nomine, sed Volumniam consalutabant.

Sequebatur raeda cum lenonibus, comites nequis-
9 simi; reiecta mater amicam impuri filii tamquam nurum sequebatur. O miserae mulieris fecunditatem calamitosam! Horum flagitiorum iste ve-
12 stigiis omnia municipia, praefecturas, colonias, totam denique Italiam impressit.

Venisti Brundisium, in sinum quidem et in com-
15 plexum tuae mimulae. Quid est? Num mentior? Quam miserum est id negare non posse, quod sit turpissimum confiteri!

18 Si te municipiorum non pudebat, ne veterani quidem exercitus? Quis enim miles fuit, qui Brundisi illam non viderit? Quis, qui nescierit venisse eam
21 tot dierum viam tibi gratulatum? Quis, qui non indoluerit tam sero se cognoscere, quam nequam hominem secutus esset?

24 Italiae rursus percursatio eadem comite mima; in oppida militum crudelis et misera deductio; in urbe auri, argenti maximeque vini foeda direptio.

Cicero, Philippicae 2,57-58; 61-62

„Denn wahrhaftig: Wo auf der Welt hätte man je von einer solchen **[?]** vernommen, von einer solchen **[?]** und **[?]**? Im gallischen Karren fuhr er einher, der Volkstribun; Büttel mit lorbeergeschmückten Rutenbündeln gingen ihm voraus, eine Komödiantin in ihrer Mitte, die in offener Sänfte mitgeschleppt wurde. Die pflegten die lokalen Würdenträger, **[?]** Männer, nicht mit ihrem allseits bekannten Künstlernamen, sondern als Volumnia zu titulieren.

Dann schloss sich ein Wagen mit **[?]** an und ein Gefolge, das aus **[?]** bestand. Hinterdrein die Mutter: Sie hatte sich nach der Mätresse des **[?]** Sohnes – wie nach einer Schwiegertochter – einzureihen. Die **[?]** Frau, unglücklich durch ihre eigenen Nachkommen! Die Spuren dieser **[?]** hat der Mensch überall eingeprägt: in den Städten, den ländlichen Bezirken, kurz in ganz Italien.

Angekommen in Brundisium, lagst du alsbald in den zärtlichen Armen deines Schätzchens, der Komödiantin. Was gibt´s? Sage ich denn die Unwahrheit? Wie **[?]**, wenn man nicht leugnen kann, was zugeben zu müssen die größte **[?]** ist.

[?] du dich nicht vor den Bürgern der Landstädte – und nicht einmal vor dem altgedienten Heer? Denn wer von den Soldaten hätte das Frauenzimmer damals in Brundisium nicht gesehen? Wer nicht gewusst, dass sie viele Tage gereist war, um dir zu gratulieren? Wer nicht schmerzlich bedauert, so spät zu erkennen, unter was für einem **[?]** er gedient hatte?

Dann abermals eine Durchquerung Italiens, in Begleitung derselben Komödiantin; in den Städten die **[?]** und **[?]** Einquartierung der Soldaten; in Rom die **[?]** Jagd nach Gold, nach Silber und vor allem nach Wein."

Ü: Marcus Tullius Cicero. Die politischen Reden. Bd. III, hrsg., übers. und erl. von M. Fuhrmann, München (Artemis & Winkler) 1993, S. 106 f., 110 f.

1 Ergänzen Sie durch den Vergleich mit dem lateinischen Text die durch **[?]** angedeuteten Lücken des deutschen Textes. Schlagen Sie Vokabeln, die Sie nicht kennen, im Lexikon nach.

Ciceros rhetorische Strategie

2 Notieren Sie die eingesetzten deutschen Wörter. Zu welchem Sachfeld gehören sie? Welche Wörter passen hierzu nicht?

3 Erklären Sie die auffälligen Wörter aus Ciceros rhetorischer Strategie. Berücksichtigen Sie dabei auch das, was Sie in **I1** erfahren.

I1 Ciceros Technik der Hörerbeeinflussung

Eine antike Rede ist psychologisch geschickt aufgebaut, um den Hörer zu überzeugen. Manchmal wendet der Redner dabei allerdings auch unfaire Tricks an, um den Hörer zu manipulieren. Dies lässt sich gut in dem oben abgedruckten Text zeigen:

1. In **T2**, Z.4, bezeichnet Cicero Antonius als tribunus plebis. Wäre Antonius zu dieser Zeit nur Volkstribun gewesen, hätten ihm keine Liktoren zugestanden und er hätte die Stadt für höchstens einen Tag verlassen dürfen. Aber Antonius war zu diesem Zeitpunkt nicht nur Volkstribun, sondern auch Proprätor, also Stellvertreter Caesars, in Italien. Dies verschweigt Cicero völlig. In der Eigenschaft als Proprätor hat Antonius diese Privilegien, doch Cicero nennt ihn hier nur tribunus plebis und verschweigt damit die politische Bedeutung und Macht des Antonius.

2. Die Freundin des Antonius führte den Künstlernamen Kytheris, durfte aber als Freigelassene des P. Volumnius Eutrapelus auch den Namen Volumnia führen; aber Volumnia hieß auch die sagenhafte Gattin des C. Marcius Coriolanus (→ EV), die als besonders tugendhaft galt. Durch den Kontrast zu der tugendhaften Volumnia der Sage wird die Lasterhaftigkeit der Schauspielerin Volumnia besonders stark betont.

Cicero fährt fort:

27 Tu istis faucibus, istis lateribus, ista gladiatoria totius corporis

firmitate tantum vini in Hippiae nuptiis exhauseras, ut tibi necesse

esset in populi Romani conspectu vomere postridie. O rem non modo

30 visu foedam, sed etiam auditu! Si inter cenam in ipsis tuis immanibus

illis poculis hoc tibi accidisset, quis non turpe duceret? In coetu vero

populi Romani negotium publicum gerens, magister equitum, cui

33 ructare turpe esset, is vomens frustis esculentis vinum redolentibus

gremium suum et totum tribunal implevit. Sed haec ipse fatetur esse

in suis sordibus; veniamus ad splendida.

Cicero, Philippicae 2,63

27 **faucēs, ium** *f* Kehle **gladiātōrius** gladiatorenhaft
28 **firmitās, ātis** *f* Stärke **Hippiās, ae** *m* Hippias *(ein Schauspieler, Freund des Antonius)* **exhaurīre** *(Perf. exhausī)* austrinken
29 **vomere** sich übergeben
30 **vīsū / audītū** zu sehen / zu hören
31 **pōculum** Trinkgelage *(oder Trinkgefäß)*
32/33 **magister equitum** „Reiteroberst"
33 **rūctāre** rülpsen **frusta ēsculenta** *n Pl.* Speisebrocken
34 **redolēre** *m. Akk.* stinken nach **tribūnal** Tribunal *(erhöhter Sitz, auf dem die Magistrate saßen)* **implēre** erfüllen
35 **sordēs, is** *f* Gemeinheit, unschöne Aktion

4 Der berüchtigte Vorfall, den Cicero in *Phil.* 2,63 schildert, ist ein Glanzstück für jeden Übersetzer. Sie finden hier drei aktuelle Übersetzungen der Z. 27–30 der Passage. Welche der drei Übersetzungen finden Sie im Vergleich zum lateinischen Originaltext am treffendsten? Begründen Sie Ihre Entscheidung.

a) „Du, mit diesem Schlund, dieser Leibesbeschaffenheit, dieser Gladiatorenstärke deiner Statur: du hattest bei der Hochzeit des Hippias so viel Wein hinabgeschüttet, dass du genötigt warst, dich vor den Augen des römischen Volkes zu erbrechen – noch am folgenden Tage. Wie scheußlich, dabei zu sein, ja nur davon zu hören!"

Marcus Tullius Cicero. Die politischen Reden. Bd. III, hrsg., übers. und erl. von M. Fuhrmann, München (Artemis & Winkler) 1993, S. 112

b) „Du mit deinem Riesenschlund, deinem Leibesumfang und deiner ganzen robusten Gladiatoren-

figur hattest auf der Hochzeit des Hippias soviel Wein ausgesoffen, dass du am Tag darauf vor den Augen des römischen Volkes kotzen musstest. Ekelhaft, wenn man das mitansieht, ja, wenn man nur davon hört!"

Cicero. Philippische Reden gegen M. Antonius. Erste und zweite Rede. Lat./dt., übers. und hrsg. von Marion Giebel, Stuttgart (Reclam) 1983, S. 103

c) „Du, mit dieser deiner Gurgel, diesem Brustkorb, dieser boxermäßigen Robustheit deines ganzen Körpers, du hattest bei der Hochzeit des Hippias so viel Wein geschluckt, dass du nicht anders konntest als unter den Augen des römischen Volkes zu speien – und zwar am Tag danach! Was für ein Vorfall, vor dem es einen nicht nur beim Zuschauen ekelt, sondern sogar, wenn man nur davon hört!"

Gerhard Fink: Der kleine Schmutzfink. Unflätiges aus dem Latein, Düsseldorf/Zürich (Artemis & Winkler) 2001, S. 86

Nach dem Tod des Pompeius wurde sein Besitz in Rom versteigert. Antonius ersteigerte ihn:

36 In eius igitur viri copias cum se subito ingurgitasset, exsultabat gaudio	**36** cōpiae *hier*: Besitztümer **sē ingurgitāre** eintauchen in **ingurgitā\<vi\>sset | exsultāre** jubeln
persona de mimo, modo egens, repente dives. Sed, ut est apud poetam	**37** persōna dē mīmō Komödienfigur, Witzfigur **egēns** arm **est** *hier*: es steht geschrieben
(nescio quem): „Male parta male dilabuntur." Incredibile ac simile	**38** parta *n Pl.* erworbenes Vermögen *(PPP von* parere*)* dīlābī zerfallen
39 portenti est, quonam modo illa tam multa quam paucis non dico	**39** portentum Wundermärchen quō(nam)
mensibus, sed diebus effuderit. Maximus vini numerus fuit, permag-	**40/41** permagnus sehr groß
num optimi pondus argenti, pretiosa vestis, multa et lauta supellex et	**41** pondus, eris *n* Menge **lautus** elegant **supellex, supellectilis** *f* Mobiliar
42 magnifica multis locis, non illa quidem luxuriosi hominis, sed tamen	**43** abundāre reich sein
abundantis. Horum paucis diebus nihil erat.	**44** Charybdis: → *EV* vorāx gefräßig
Quae Charybdis tam vorax? Charybdin dico? Quae si fuit, animal	**45** Ōceanus Ozean **mē dīus fidius** so wahr mir Gott helfe
45 unum fuit: Oceanus, me dius fidius, vix videtur tot res tam dissipatas,	**46** distāre entfernt sein absorbēre verschlingen
tam distantibus in locis positas tam cito absorbere potuisse. Nihil erat	**47** obsīgnāre versiegeln **scrībere** *hier*: verzeichnen **apothēca** Weinkeller
clausum, nihil obsignatum, nihil scriptum. Apothecae totae	

Ciceros rhetorische Strategie

nequissimis hominibus condonabantur; alia mimi rapiebant, alia mimae; domus erat aleatoribus referta, plena ebriorum; totos dies potabatur atque id locis pluribus; suggerebantur etiam saepe – non enim semper iste felix! – damna aleatoria; conchyliatis Cn. Pompei peristromatis servorum in cellis lectos stratos videres. Quam ob rem desinite mirari haec tam celeriter esse consumpta. Non modo unius patrimonium quamvis amplum, ut illud fuit, sed urbes et regna celeriter tanta nequitia devorare potuisset.

Cicero, Philippicae 2,65w-67

[48] condōnāre schenken
[49] mīmus bzw. mīma Schauspieler(in) āleātor, ōris Würfelspieler refertus m. Abl. gedrängt voll ēbrius betrunken
[50] pōtāre saufen suggerī hinzukommen
[51] damnum āleātōrium Verlust beim Spiel conchyliātus purpurfarben
[52] peristrōma (Abl. Pl. peristrōmatīs) Decke sternere (PPP strātum) bedecken
[55] nēquitia Nichtsnutzigkeit dēvorāre verschlingen

I2 Römische Wertbegriffe

Zahlreiche römische Autoren des 1. Jh.s v. Chr. beklagten einen allgemeinen „Sittenverfall" und verbanden damit den Appell, zur Lebensweise der Vorfahren zurückzukehren. Diese nämlich hätten nach moralisch einwandfreien Prinzipien ihr Leben allein dem Staat gewidmet und dadurch das römische Reich aufgebaut. Zum Katalog der Tugenden, die den maiores („Vorfahren") zugeschrieben wurden, gehörten v.a. die folgenden Eigenschaften:
fides (Redlichkeit, Zuverlässigkeit), pietas (Pflichtgefühl gegenüber Menschen und Göttern), virtus (Mannhaftigkeit, Tüchtigkeit, Vortrefflichkeit); hinzu kommen speziellere Eigenschaften, wie z.B. religio (strikte Beachtung religiöser Vorschriften), fortitudo (Tapferkeit), auctoritas (Autorität), dignitas (würdevolles Auftreten), gloria (Ehrgeiz), pudor (moralische Hemmschwelle), labor (Bereitschaft, Mühen auf sich zu nehmen), disciplina (Disziplin), moderatio (Maßhalten), sapientia (Weisheit), prudentia (Umsicht).

5 Erstellen Sie eine Liste der Fehler bzw. Laster, die Antonius vorgeworfen werden.

6 Zeigen Sie, dass Antonius von Cicero in nahezu allen wichtigen Aspekten zum Gegenteil eines vorbildlichen Römers (vgl. I2) gemacht wird.

7 Rechts sehen Sie eine Münze, die Antonius kurz nach Caesars Tod von sich prägen ließ. Er zeigt sich als Augur; dieses Amt hatte er seit 50 v.Chr. inne. Auf sein Augurenamt weisen das von der Toga verhüllte Haupt, der Augurenstab (rechts unten) und der Opferkrug (links unten) hin. Vergleichen Sie die Selbstdarstellung des Antonius mit der Darstellung durch Cicero und diskutieren Sie ausgehend davon, wie glaubwürdig derartige Versuche erscheinen.

8 Zeichnen Sie eine Münze, wie sie Cicero von Antonius hätte prägen lassen können.

Denar mit dem Porträt des Antonius. Die Barttracht ist ein Zeichen der Trauer über Caesars Tod. Um 44 v. Chr. Privatsammlung.

T3 Einst und Jetzt – Antonius im Vergleich zu Tarquinius Superbus

> **Sachfeld** Politik, Staat, Traditionen
> rēs pūblica, memor, māiōrēs, lībertās, ab urbe conditā, superbus, interest *m. Gen.*
> **Grammatik** Fragen und Fragewörter
> **Stilmittel** Parallelismus, Antithese, Klimax, Anapher, Alliteration

Der letzte König Roms, Tarquinius Superbus, ein grausamer Tyrann, soll der Sage nach um 510/509 v. Chr. durch L. Iunius Brutus gestürzt und aus Rom vertrieben worden sein. Cicero benutzt in der *3. Philippica* diesen Zusammenhang, um D. Brutus daran zu erinnern, dass er als Träger dieses Namens geradezu die Pflicht habe, gegen den Tyrannen Antonius vorzugehen. D. Brutus war zwar kein direkter Nachkomme des L. Brutus, er stellte sich aber selbst in diese Tradition, indem er eine Münze prägen ließ, auf der über der Inschrift EID(ibus) MAR(tiis), eine Erinnerung an die Iden des März, die Filzkappe der freigelassenen Sklaven und zwei Dolche zu sehen sind. Cicero weitet den Gedanken aus und stellt nicht Caesar, sondern den „Tyrannen" Antonius in eine Linie mit dem Tyrannen Tarquinius Superbus.

O civem natum rei publicae, memorem sui nominis imitatoremque maiorum! Neque enim Tarquinio expulso maioribus nostris tam fuit
3 optata libertas, quam est depulso Antonio retinenda nobis. Illi regibus parere iam a condita urbe didicerant: nos post reges exactos servitutis oblivio ceperat. Atque ille Tarquinius, quem maiores nostri non
6 tulerunt, non crudelis, non impius, sed superbus est habitus et dictus: quod nos vitium in privatis saepe tulimus, id maiores nostri ne in rege quidem ferre potuerunt. L. Brutus regem superbum non tulit:
9 D. Brutus sceleratum atque impium regnare patietur Antonium? Quid Tarquinius tale, qualia innumerabilia et facit et fecit Antonius? Senatum etiam reges habebant: nec tamen, ut Antonio senatum
12 habente, in consilio regis versabantur barbari armati. Servabant auspicia reges; quae hic consul augurque neglexit legibus contra auspicia ferendis.

[1] **cīvem:** *gemeint ist D. Brutus*
imitātor, ōris Nachahmer
[3] **dēpellere** *(PPP* dēpulsum*)* vertreiben
[4] **exigere** *(PPP* exāctum*) hier:* vertreiben
[4/5] **mē capit oblīviō** *m. Gen.* ich vergesse etw.
[10] **innumerābilis, e** unzählig
[11] **senātum habēre** eine Senatssitzung abhalten
[12] **barbarus:** *gemeint sind die Ituräer (→ EV)*
[12/13] **auspicia servāre** Vorzeichen beachten
[13] **augur** Augur *(Priester, der für Deutung und Einhaltung der Vorzeichen zuständig ist; auch Antonius gehörte dem Kollegium der Auguren an.)*
ferre *hier:* einbringen

Denar des M. Iunius Brutus.
Um 43/42 v. Chr. London, British Museum.

15 Quis autem rex umquam fuit tam insignite impudens, ut haberet omnia commoda, beneficia, iura regni venalia? Quam hic immunitatem, quam civitatem, quod praemium non vel singulis hominibus vel
18 civitatibus vel universis provinciis vendidit? Nihil humile de Tarquinio, nihil sordidum accepimus: At vero huius domi inter quasilla pendebatur aurum, numerabatur pecunia; una in domo omnes,
21 quorum intererat totum imperium populi Romani, nundinabantur. Supplicia vero in cives Romanos nulla Tarquini accepimus: At hic et Suessae iugulavit eos, quos in custodiam dederat, et Brundisi ad CCC
24 fortissimos viros civesque optimos trucidavit. Postremo Tarquinius pro populo Romano bellum gerebat tum, cum est expulsus: Antonius contra populum Romanum exercitum adducebat tum, cum a legioni-
27 bus relictus nomen Caesaris exercitumque pertimuit neglectisque sacrificiis sollemnibus ante lucem vota ea, quae numquam solveret, nuncupavit, et hoc tempore in provinciam populi Romani conatur
30 invadere. Maius igitur a D. Bruto beneficium populus Romanus et habet et exspectat, quam maiores nostri acceperunt a L. Bruto, principe huius maxime conservandi generis et nominis. Cum autem est
33 omnis servitus misera, tum vero intolerabile est servire impuro, impudico, effeminato, numquam ne in metu quidem sobrio.

Cicero, Philippicae 3,8-12

15 īnsīgnītus beispiellos **impudēns** unverschämt
15/16 **vēnālia habēre** zum Verkauf anbieten
16/17 **immūnitās, ātis** *f* Privileg, Vergünstigung
19 **sordidus** unanständig **quasillum** Wollkörbchen
20 **pendere** abwiegen **numerāre** zählen
21 **nūndinārī** feilschen
23 **Suessae** in Suessa Aurunca (→ EV) **in cūstōdiam dare** gefangennehmen **Brundisī** in Brundisium (→ EV) **CCC** dreihundert *(gemeint ist die Bestrafung der meuternden Soldaten)*
24 **trucīdāre** abschlachten
27 **pertimēscere** *(Perf. pertimuī)* sehr fürchten
28 **sacrificia sollemnia** die üblichen Opfer **vōtum** Gelübde **solvere** hier: einlösen
29 **nūncupāre** ablegen
32/33 **cum autem ... tum vērō** einerseits zwar ... erst recht aber
34 **impudīcus** lasterhaft **effēminātus** feminin, charakterlos **sōbrius** nüchtern

Denar des M. Iunius Brutus. Um 44 v. Chr. Vorderseite: Kopf der Göttin Libertas. Rückseite: Der Konsul L. Iunius Brutus zwischen zwei Liktoren, davor ein weiterer Beamter. London, British Museum.

Rhetorik für die Republik – Cicero gegen Antonius

1 Sammeln Sie in Form einer Tabelle die Aussagen zu Tarquinius und Antonius.

2 Untersuchen Sie, welche rhetorischen Mittel Cicero benutzt, um die Parallelen und Gegensätze zwischen dem Jahr 510/509 v. Chr. und der gegenwärtigen Situation zu unterstreichen.

3 Zeigen Sie, dass Cicero aus dem geschichtlichen Beispiel des L. Brutus eine konkrete politische Forderung ableitet – wobei freilich das richtige Verhalten nicht explizit formuliert wird (vgl. **I3**).

4 Zeigen Sie, dass Brutus selbst in seiner Münzprägung (vgl. Abb. auf S. 16 und 17) ein ähnliches politisches Programm vertritt wie Cicero in **T3**.

I3 Exempla maiorum

Rom hatte eine ungeschriebene Verfassung. Umso schwieriger war daher die Frage, was in einem Streitfall politisch richtig, erlaubt und angemessen war. Für die römische Oberschicht war die entscheidende Richtschnur in dieser Frage die eigene Geschichte, genauer gesagt, das Verhalten altrömischer „Helden" in vergleichbaren Situationen. Diese **exempla maiorum** (Beispiele der Vorfahren) lieferten die Argumente für tagespolitische Auseinandersetzungen.

Der Historiker Jochen Bleicken stellt deren Funktion wie folgt dar: „Die gesamte römische Geschichte war mit ihnen aufgeladen, und sie war entsprechend von eintöniger Großartigkeit, immer erhaben, aber kaum je menschlich. Denn sie erzählte den Römern nicht von Menschen, nämlich ihren Irrtümern, Erfolgen und Zweifeln, sondern von den Geboten römischen Verhaltens, die Rom aus einer winzigen Stadt zum Herrn der Welt gemacht hatten. Was 'richtig' war, ließ sich dabei an den konkreten Taten einzelner Personen zum Ruhme Roms, also an **exempla** [...], oder auch, vielleicht noch wirkungsvoller, an einer abweichenden Haltung aufzeigen. Der **bonus vir** begegnet uns daher etwa bei Cicero meist auf dem Hintergrund des politischen Abweichlers. Die Missetaten eines Clodius und eines Piso sind immer sehr deutlich, der bonus vir hingegen gewinnt nur auf diesem Hintergrund ein wenig Leben, ja er lebt im Grunde nur allein durch ihn. Der Mann mit 'richtigem' Verhalten bleibt auf jeden Fall farblos – ebenso wie seine lateinische Bezeichnung (**bonus vir**) und auch deren übliche deutsche Übersetzung ('verfassungstreuer Mann')."

Jochen Bleicken: Die Verfassung der römischen Republik, Paderborn (Schöningh) [7]1995, S. 66 f.

Der sog. Togatus Barberini. Ein römischer Patrizier mit zwei Ahnenbildnissen. 1. Jh. n. Chr. Rom, Musei Capitolini. Bei den Ahnenbildnissen handelte es sich um lebendig wirkende Wachsbüsten. Nur einflussreiche Familien hatten das Recht dazu (ius imaginis). Die imagines wurden im Zentrum des Hauses aufgestellt und bei den Leichenzügen prominenter Verstorbener der Familie mitgeführt.

T4 Die „Achse der Guten" – die Einigkeit aller Bürger

Sachfeld Politik, Staat, Werte
cīvis, lībertās, salūs reī pūblicae, honōrēs parere, beneficium, dīgnitās, ordō, auctōritās, servitūs
Grammatik Fragepronomen
Stilmittel Asyndeton, Anapher, Parallelismus

In einer Rede vor der Volksversammlung am 4. Januar 43 v. Chr. drückt Cicero die Hoffnung aus, dass der unvermeidliche Krieg gegen Antonius schnell zu gewinnen sei. Es herrsche große Einigkeit unter allen Bewohnern Italiens und er selbst stehe als erfahrener Anführer zur Verfügung:

An ego non provideam meis civibus, non dies noctesque de vestra
libertate, de rei publicae salute cogitem? Quid enim non debeo vobis,
3 Quirites, quem vos a se ortum hominibus nobilissimis omnibus
honoribus praetulistis? An ingratus sum? Quis minus? Qui partis
honoribus eosdem in foro gessi labores, quos petendis. Rudis in re
6 publica? Quis exercitatior? Qui viginti iam annos bellum geram cum
impiis civibus.

Quam ob rem, Quirites, consilio, quantum potero, labore plus paene,
9 quam potero, excubabo vigilaboque pro vobis. Etenim quis est civis,
praesertim hoc gradu, quo me vos esse voluistis, tam oblitus beneficii
vestri, tam immemor patriae, tam inimicus dignitati suae, quem non
12 excitet, non inflammet tantus vester iste consensus? Multas magnasque habui consul contiones, multis interfui: Nullam umquam vidi
tantam, quanta nunc vestrum est. Unum sentitis omnes, unum
15 studetis, M. Antoni conatus avertere a re publica, furorem exstinguere,
opprimere audaciam. Idem volunt omnes ordines; eodem incumbunt
municipia, coloniae, cuncta Italia. Itaque senatum bene sua sponte
18 firmum firmiorem vestra auctoritate fecistis.

Venit tempus, Quirites, serius omnino, quam dignum populo Romano
fuit, sed tamen ita maturum, ut differri iam hora non possit. Fuit
21 aliquis fatalis casus, ut ita dicam, quem tulimus, quoquo modo
ferendus fuit: Nunc si quis erit, erit voluntarius. Populum Romanum
servire fas non est, quem di immortales omnibus gentibus imperare
24 voluerunt. Res in extremum est adducta discrimen; de libertate

4 **in-grātus** un-dankbar
4/5 *Quis minus? <Quam ego>, quī partis honōribus eōsdem gessī labōrēs, quōs <gessī honōribus> petendīs*
5 **rudis, e** unerfahren
6 **exercitātus** geübt

9 **excubāre** wachsam sein
vigilāre unermüdlich sorgen
10 **gradus, ūs** *m* Rang
11 **immemor** *m. Gen. hier:* ohne Rücksicht auf
12 **īnflammāre** in Begeisterung versetzen
13 **contiō, ōnis** *f* Versammlung
15 **cōnātus, ūs** Anschlag
16 **incumbere** auf ein Ziel hinarbeiten
17 **colōnia:** *vgl. Fw.*
18 **firmus** entschlossen
21 **fātālis, e** verhängnisvoll
cāsus *hier:* Unglück *(gemeint ist die Diktatur Caesars)*
22 **voluntārius** freiwillig, selbstverschuldet
23 **fās** göttlicher Wille
24 **extrēmus** äußerster

decernitur. Aut vincatis oportet, Quirites, quod profecto et pietate vestra et tanta concordia consequemini, aut quidvis potius quam serviatis. Aliae nationes servitutem pati possunt, populi Romani est propria libertas.

Cicero, Philippicae 6,17-19

[25] oportet, ⟨ut⟩ vincātis
[26] **quidvīs** jedes beliebige
aùt quidvīs potius ⟨faciātis⟩, quam serviātis

Der Ballhausschwur. Gemälde von Jacques Louis David (1789).
In dem „Ballhausschwur" vom 20. Juni 1789 gelobten die Mitglieder der französischen Nationalversammlung, nicht eher wieder auseinanderzugehen, bis der Staat eine Verfassung habe. Da der Sitzungssaal im Schloss Versailles geschlossen war, trafen sich die Abgeordneten im Salle du Jeu de Paume, also der „Tennishalle" des Schlosses. Mit diesem Schwur wurde der Verfassungsrahmen des Ancien Régime gesprengt, was zwangsläufig in die Französische Revolution führte.

1 Arbeiten Sie heraus, wie sich Cicero als Führer aller staatstreuen Römer zu präsentieren versucht.

2 Untersuchen Sie in dem Textausschnitt die handelnden bzw. angeredeten Personen (z.B. anhand der Verbformen und der benutzten Pronomina) und zeigen Sie, welche Ausweitung der Perspektive daran abzulesen ist. Was will Cicero dadurch erreichen?

3 In der Rede für Sestius entwickelte Cicero im Jahre 56 v. Chr. sein politisches Programm (**M1**). Stellen Sie dar, wie Cicero dort die boni, d.h. die Elite des römischen Staates, definiert. Übertragen Sie dieses Programm auf **T4**.

4 Vergleichen Sie die Emotionen, die Cicero zu beschwören versucht, mit der Atmosphäre, die auf der Abbildung eingefangen ist.

Ciceros rhetorische Strategie

M1 Ciceros politisches Programm

„Wer ist das: alle Guten (**optimus quisque**)? Der Zahl nach, wenn du das wissen willst, unendlich viele (sonst würden wir uns ja nicht behaupten können): da sind die ersten Männer in der Staatsführung (**principes consili publici**) und deren Anhänger, da sind die Angehörigen der höchsten Stände, die Zugang zum Senat haben, da sind Römer aus den italischen Städten und vom Lande, da sind Geschäftsleute und auch Freigelassene – sie alle gehören zu den Besten. Ihrer Zahl nach ist diese Richtung, wie gesagt, weithin und über verschiedene Schichten verbreitet; man kann sie jedoch, um jedes Missverständnis auszuschließen, in ihrer Gesamtheit bündig und bestimmt kennzeichnen: zu den Besten (**optimates**) gehören diejenigen, die keine Schädlinge sind, noch von Natur zum Bösen angelegt, die nicht von Raserei erfasst noch in häusliches Elend verstrickt sind. [...] Diejenigen nun, die mit ihrer Art der Staatsführung dem Willen, dem Vorteil und der Überzeugung dieser Kreise dienen, sind die Vorkämpfer der Besten und gehören selbst zuallererst zu den Besten; sie gelten als die bedeutendsten und angesehensten Bürger und die ersten Männer der Bürgerschaft. Was ist nun das Ziel dieser Lenker unseres Staates, das sie fest ins Auge fassen und auf das sie ihre Fahrt richten müssen? Was allen Vernünftigen, Rechtschaffenen und Wohlhabenden höchster Wert und Wunsch ist: der mit Würde gewahrte Frieden (**cum dignitate otium**)."

Cicero, Sest. 96 ff. Ü: Marcus Tullius Cicero. Die politischen Reden. Bd. II, hrsg., übers. und erl. von M. Fuhrmann, München (Artemis & Winkler) 1993, S. 225

T5 Die gemeinsamen Werte

Sachfeld Politik, Staat, Verbrechen
molīrī, perturbāre, pollicērī, scelus, iūs, iūdicium, dīgnitās, pāx, ōtium, honestus
Stilmittel Anapher, Asyndeton, Klimax, Ellipse

Die Einigkeit aller Bürger betont Cicero noch einmal in der *8. Philippischen Rede* (vom 5. Februar 43 v. Chr.). Seine Generation habe bereits vier Bürgerkriege miterlebt (drei in den 8oer Jahren zwischen Marius und Sulla, der vierte zwischen Caesar und Pompeius), doch dieser Bürgerkrieg sei völlig anders:

Hoc bellum quintum civile geritur – atque omnia in nostram aetatem

inciderunt, – primum non modo non in dissensione et discordia

3 civium, sed in maxima consensione incredibilique concordia:

Omnes idem volunt, idem defendunt, idem sentiunt. Cum omnes

dico, eos excipio, quos nemo civitate dignos putat. Quae est igitur in

6 medio belli causa posita? Nos deorum immortalium templa, nos

muros, nos domicilia sedesque populi Romani, aras, focos, sepulcra

maiorum, nos leges, iudicia, libertatem, coniuges, liberos, patriam

9 defendimus.

[1] **quīntus** fünfter
[2] **incidere** *(Perf.* incidī*)* (hinein-)fallen **dissēnsiō, ōnis** Uneinigkeit
[3] **cōnsēnsiō, ōnis** *f* Einigkeit

[6] **causa** *hier:* strittiger Punkt
[7] **domicilium** Haus **focus** (häuslicher) Herd **sepulcrum** Grab

Rhetorik für die Republik – Cicero gegen Antonius

Contra M. Antonius id molitur, id pugnat, ut haec omnia perturbet, evertat, praedam rei publicae causam belli putat, fortunas nostras partim dissipet, partim dispertiat parricidis.

In hac tam dispari ratione belli miserrimum illud est, quod ille latronibus suis pollicetur primum domos; urbem enim divisurum se confirmat; deinde omnibus portis, quo velint, deducturum. Ergo habet Antonius, quod suis polliceatur.

Quid? Nos nostris exercitibus quid pollicemur? Multo meliora atque maiora! Scelerum enim promissio et eis, qui exspectant, perniciosa est et eis, qui promittunt. Nos libertatem nostris militibus, leges, iura, iudicia, imperium orbis terrae, dignitatem, pacem, otium pollicemur.

Antonii igitur promissa cruenta, taetra, scelerata, deis hominibusque invisa, nec diuturna neque salutaria. Nostra contra honesta, integra, gloriosa, plena laetitiae, plena pietatis.

Cicero, Philippicae 8,8,10

[11] ēvertere zerstören **praeda** hier: Plünderung **fortūnae** Pl. Hab und Gut
[12] **partim ... partim** teils ... teils **dissipāre** vernichten **dispertīre** verteilen **parricīda** m Mörder
[13] **dispār** ungleich **quod** hier: (die Tatsache,) dass
[14/15] confirmat enim sē urbem dīvīsūrum ‹esse›; ‹et confirmat sē› deinde ‹latrōnēs suōs› omnibus portīs dēductūrum ‹esse›, quō velint.
[18] **prōmissiō** Versprechen **perniciōsus:** Adj. zu perniciēs
[22] **invīsus** verhasst **salūtāris, e** vorteilhaft
[23] **glōriōsus:** Adj. zu glōria

Antonius wiegelt das Volk auf. Szenenbild aus der Verfilmung des Shakespeare-Dramas „Julius Caesar". USA, 1953. Mit Marlon Brando in der Rolle des Marcus Antonius.

Ciceros rhetorische Strategie

Cesare Maccari (1840–1919): Cicero klagt Catilina an. 1889. Rom, Palazzo Madama, Sitzungssaal.

1 Tragen Sie vor der Übersetzung den Text laut vor und versuchen Sie, ausgehend von häufig auftauchenden Begriffen und auffälligen Stilmitteln seinen Inhalt zu erschließen.

2 Legen Sie eine Liste der Begriffe an, für die die von Cicero geführte Partei (nos) angeblich eintritt, und dann eine Liste der Begriffe, die Cicero mit Antonius in Verbindung bringt. Vergleichen Sie beide Listen miteinander.

3 Untersuchen Sie, inwieweit sich die hier genannten Werte mit den in **T3** genannten decken (vgl. die Tabelle zu S. 18, Aufgabe **1**).

4 In einer der Reden gegen Catilina stilisiert Cicero den Kampf des Senats gegen den Verschwörer Catilina zu einer „Schlacht" der Tugenden gegen die Laster (**M2**).
Stellen Sie die Parallelen zwischen **T5** und **M2** heraus. Vergleichen Sie dazu den Aufbau der beiden Passagen, die Wortwahl und die Rolle der Götter.

5 Untersuchen Sie, mit welchen künstlerischen Mitteln in dem Bild „Cicero klagt Catilina an" von Cesare Maccari die auch in **T5** und **M2** zu erkennende Gegenüberstellung von Gut und Böse dargestellt ist.

12 Tugenden gegen Laster

„Denn auf dieser Seite kämpft die Gewissenhaftigkeit, dort der Leichtsinn, hier die Keuschheit, dort die Unzucht, hier die Treue, dort der Trug, hier die Pflicht, dort das Verbrechen, hier die Beständigkeit, dort die Raserei, hier die Ehre, dort die Schande, hier die Selbstbeherrschung, dort die Zügellosigkeit; kurz, hier streiten die Gerechtigkeit, die Mäßigung, die Tapferkeit, die Umsicht und sämtliche Tugenden gegen das Unrecht, die Üppigkeit, die Feigheit, die Planlosigkeit, gegen sämtliche Laster; endlich schlägt sich der Überfluss mit der Dürftigkeit, die vernünftige Einstellung mit der heillosen, das gesunde Denken mit dem Aberwitz, überhaupt die wohlbegründete Hoffnung mit völliger Verzweiflung. Wenn nun in einem derartigen Kampf und Streit die Bemühungen der Menschen erlahmen sollten, werden dann nicht die unsterblichen Götter selbst darauf dringen, dass diese glänzenden Tugenden so viele und so schwere Laster überwinden?"

Cicero, in Catilinam 2,25. Ü: Marcus Tullius Cicero.
Die politischen Reden. Bd. I, hrsg., übers. und erl. von
M. Fuhrmann, München (Artemis & Winkler) 1993, S. 439

Rhetorik für die Republik – Cicero gegen Antonius

T6 Jeder muss sich jetzt entscheiden!

Sachfeld Macht, Wertbegriffe
cōnsilium, dīgnitās, lībertās, impius, potestās, praesidium, providēre
Grammatik Relativsätze mit Konjunktiv, prädikatives Gerundivum, Ablativus absolutus

Am 20. Dezember 44 v. Chr. beantragte Cicero vor dem Senat, die illegalen Truppenaushebungen Octavians nachträglich für rechtens und im Gegensatz Antonius, den legitimen Konsul, zum Staatsfeind zu erklären. Er betont, dass es seiner Meinung nach keine Versöhnung mit Antonius geben kann, und fordert die Senatoren auf, in diesem Konflikt eindeutig Stellung zu beziehen:

Signum date populo Romano consilium vestrum non deesse rei
publicae, quoniam ille virtutem suam non defuturam esse profitetur.
3 Nihil est, quod moneam vos. Nemo est tam stultus, qui non intellegat,
si indormierimus huic tempori, non modo crudelem superbamque
dominationem nobis, sed ignominiosam etiam et flagitiosam
6 ferendam esse. Nostis insolentiam Antonii, nostis amicos, nostis
totam domum. Libidinosis, petulantibus, impuris, impudicis, aleatoribus, ebriis servire, ea summa miseria est summo dedecore coniuncta.
9 Quodsi – iam quod di omen avertant! – fatum extremum rei publicae
venit, quod gladiatores nobiles faciunt, ut honeste decumbant, facia-
mus nos, principes orbis terrarum gentiumque omnium, ut cum
12 dignitate potius cadamus, quam cum ignominia serviamus. Nihil est
detestabilius dedecore, nihil foedius servitute. Ad decus et ad libertatem nati sumus. Aut haec teneamus aut cum dignitate moriamur!
15 Nimium diu teximus, quid sentiremus. Nunc iam apertum est; omnes
patefaciunt in utramque partem, quid sentiant, quid velint.
Sunt impii cives – pro caritate rei publicae nimium multi, sed contra
18 multitudinem bene sentientium admodum pauci –, quorum oppri-
mendorum di immortales incredibilem rei publicae potestatem et
fortunam dederunt. Ad ea enim praesidia, quae habemus, iam acce-
21 dent consules summa prudentia, virtute, concordia, multos menses de
populi Romani libertate commentati atque meditati. His auctoribus et
ducibus, dis iuvantibus, nobis vigilantibus et multum in posterum

2 ille: *gemeint ist das röm. Volk*
profitērī versprechen
3 nihil est, quod *m. Konj.* es gibt keinen Grund dafür, dass
4 indormīre *m. Dat.* etw. verschlafen tempus *hier:* richtiger Zeitpunkt
5 īgnōminiōsus schimpflich flāgitiōsus schändlich
6 nō<vi>stis | īnsolentia Unverschämtheit
7 libīdinōsus zügellos petulāns frivol impudīcus lasterhaft
7/8 āleātor, ōris Würfelspieler
8 ēbrius Säufer
9 iam *hier:* nun ōmen, inis *n* böser Wunsch fātum extrēmum letzte Stunde, Ende
10 dēcumbere zu Boden gehen
12 īgnōminia Schande
13 dētestābilis, e abscheulich decus, oris *n* Ehre, Würde
16 patefacere öffentlich zeigen
17 prō *hier:* angesichts cāritās, ātis Liebe
18 admodum sehr

21 prūdentia Umsicht
22 commentārī nachdenken meditārī dē bedacht sein auf
23 vigilāre wachsam sein
in posterum für die Zukunft

24 providentibus, populo Romano consentiente, erimus profecto liberi brevi tempore. Iucundiorem autem faciet libertatem servitutis recordatio.

25/26 recordātiō Erinnerung

Cicero, Philippicae 3,34-36

1 Suchen Sie Überschriften für die drei Abschnitte des Textes.

2 Sammeln Sie die rhetorischen Mittel, mit denen Cicero versucht, die Alternative noch stärker zu betonen.

3 Welche Assoziationen will Cicero bei seinen Zuhörern durch den Vergleich mit dem sterbenden Gladiator erzielen? Berücksichtigen Sie dabei auch die Abb. unten und die Erkenntnisse des Archäologen Marcus Junkelmann, der die Gladiatorenkämpfe als „moralische Erziehungsanstalt" interpretiert und von „heroischem Nihilismus" spricht, „der in den Augen der Römer den höchsten Ruhm des Gladiators ausmachte. Dieser kam am überzeugendsten im Moment der Wahrheit zum Ausdruck, wenn der Unterlegene sich gleichmütig dem Tode stellen musste und so dem Publikum ein exemplum virtutis, ein Beispiel mannhafter Tapferkeit, bot."

Marcus Junkelmann: Gladiatoren. Das Spiel mit dem Tod, Mainz (Zabern) 2008, S. 21

Gladiatorenkampf: Ein Secutor (ein mit Helm, Schild und Schwert bewaffneter Gladiator) besiegt einen Retiarius (einen Kämpfer mit Netz und Dreizack). Römisches Relief. 1. Jh. n. Chr. Chieti, Museo Nazionale.

T7 Der Augenblick der Entscheidung ist gekommen

Sachfeld Kriegführung, Militär
imperātor, aciem īnstruere, ardēre, condiciō pācis, sanguis, caedēs, supplicium, cōpiae, vincere, perīre, virtūs, hostis, oppūgnāre, dēlēre, exercitus, frangere, opprimere

Nachdem Cicero am Morgen des 20. Dezember 44 v. Chr. in der Senatssitzung seine Ansicht durchgesetzt hatte, verkündete er nachmittags in der 4. *Philippica* das Ergebnis dem Volk. Auch diese Rede endet mit einem Appell an alle Römer, sich dem Kampf gegen Antonius anzuschließen:

Reliquum est, Quirites, ut vos in ista sententia, quam prae vobis fertis,

perseveretis. Faciam igitur, ut imperatores instructa acie solent,

3 quamquam paratissimos milites ad proeliandum videant, ut eos

tamen adhortentur, sic ego vos ardentes et erectos ad libertatem

recuperandam cohortabor.

6 Non est vobis, Quirites, cum eo hoste certamen, cum quo aliqua pacis

condicio esse possit. Neque enim ille servitutem vestram, ut antea, sed

iam iratus sanguinem concupiscit. Nullus ei ludus videtur esse iucun-

9 dior quam cruor, quam caedes, quam ante oculos trucidatio civium.

Non est vobis res, Quirites, cum scelerato homine ac nefario, sed cum

immani taetraque belua, quae, quoniam in foveam incidit, obruatur.

12 Si enim illim emerserit, nullius supplicii crudelitas erit recusanda. Sed

tenetur, premitur, urgetur nunc eis copiis, quas iam habemus, mox

eis, quas paucis diebus novi consules comparabunt.

15 Incumbite in causam, Quirites, ut facitis. Numquam maior consensus

vester in ulla causa fuit; numquam tam vehementer cum senatu

consociati fuistis. Nec mirum: Agitur enim, non qua condicione

18 victuri, sed victurine simus an cum supplicio ignominiaque perituri.

Quamquam mortem quidem natura omnibus proposuit; crudelita-

tem mortis et dedecus virtus propulsare solet, quae propria est

21 Romani generis et seminis. Hanc retinete, quaeso, Quirites, quam

vobis tamquam hereditatem maiores vestri reliquerunt. Alia omnia

falsa, incerta sunt, caduca, mobilia. Virtus est una altissimis defixa

24 radicibus, quae numquam vi ulla labefactari potest, numquam

demoveri loco. Hac maiores vestri primum universam Italiam device-

[1] **prae sē ferre** vor sich hertragen
[2] **perseverāre in** *m. Abl.* bei etw. bleiben
[3] **proeliārī** kämpfen
[4] **adhortārī** anfeuern **ērēctus** entschlossen
[5] **recuperāre** zurückgewinnen **cohortārī** auffordern
[8] **concupiscere** gieren nach **lūdus** Spiel
[9] **trucīdātiō** Abschlachten
[11] **bēlua** Bestie **fovea** (Fall-)Grube **incidere** (*Perf.* incidī) hineinfallen **obruere** begraben
[12] **illim** von dort **ēmergere** (*Perf.* ēmersī) sich emporarbeiten **recūsāre** protestieren gegen
[13] **urgēre** bedrängen
[14] **novī cōnsulēs:** *Neue Konsuln traten am 1. Januar ihr Amt an.* **comparāre** *hier:* bereitstellen
[15] **incumbere in** sich auf etw. konzentrieren
[17] **cōnsociātus** eng verbunden
[20] **prōpulsāre** abwenden
[22] **hērēditās, ātis** Erbschaft
[23] **cadūcus** hinfällig **mōbilis, e** wechselhaft **dēfīxus** fest verankert
[24] **rādīx, īcis** *f* Wurzel **labefactāre** ins Wanken bringen
[25] **dēmovēre** entfernen
[25/26] **dēvincere** (*Perf.* dēvīcī) völlig besiegen (*Die Eroberung Italiens war um 290 v. Chr. abgeschlossen.*)

runt, deinde Karthaginem exciderunt, Numantiam everterunt, poten-
27 tissimos reges, bellicosissimas gentes in dicionem huius imperi
redegerunt.

Ac maioribus quidem vestris, Quirites, cum eo hoste res erat, qui
30 haberet rem publicam, curiam, aerarium, consensum et concordiam
civium, rationem aliquam, si ita res tulisset, pacis et foederis. Hic
vester hostis vestram rem publicam oppugnat, ipse habet nullam;
33 senatum, id est orbis terrae consilium, delere gestit, ipse consilium
publicum nullum habet; aerarium vestrum exhausit, suum non
habet. Nam concordiam civium qui habere potest, nullam cum habeat
36 civitatem? Pacis vero quae potest esse cum eo ratio, in quo est incredi-
bilis crudelitas, fides nulla?

Est igitur, Quirites, populo Romano, victori omnium gentium, omne
39 certamen cum percussore, cum latrone, cum Spartaco.

Nam quod se similem esse Catilinae gloriari solet, scelere par est illi,
industria inferior. Ille cum exercitum nullum habuisset, repente
42 conflavit. Hic eum exercitum, quem accepit, amisit. Ut igitur Catilinam diligentia mea, senatus auctoritate, vestro studio et virtute
fregistis, sic Antoni nefarium latrocinium vestra cum senatu concor-
45 dia tanta, quanta numquam fuit, felicitate et virtute exercituum
ducumque vestrorum brevi tempore oppressum audietis.

Equidem quantum cura, labore, vigiliis, auctoritate, consilio eniti
48 atque efficere potero, nihil praetermittam, quod ad libertatem vestram pertinere arbitrabor; neque enim id pro vestris amplissimis in me
beneficiis sine scelere facere possum.

51 Hodierno autem die primum referente viro fortissimo vobisque
amicissimo, hoc M. Servilio, collegisque eius, ornatissimis viris,
optimis civibus, longo intervallo me auctore et principe ad spem
54 libertatis exarsimus.

Cicero, Philippicae 4,11-16

---

26 **excīdere** (Perf. excīdī)
vernichten (146 v. Chr. wurde
Karthago zerstört.) **ēvertere**
(Perf. ēvertī) niederreißen (133 v.
Chr. wurde die spanische Stadt
Numantia zerstört.)
27/28 **in diciōnem alicuius**
redigere (Perf. redēgī) unter jds.
Herrschaft bringen
30 **aerārium** Staatsvermögen
31 **ratiō** hier: Strategie **rēs fert**
die Lage erfordert es **foedus,**
eris n Kompromiss, Friedensver-
trag
33 **gestīre** trachten nach
34 **exhaurīre** (Perf. exhausī)
ausplündern

39 **percussor, ōris** Mörder
Spartacus Spartacus (→ EV)
40 **Catilīna** Catilina (→ EV)
glōriārī sich brüsten
41 **industria** (kriminelle) Energie
īnferior unterlegen
42 **cōnflāre** zusammentrommeln
44 **latrōcinium** Raubzug
46 *oppressum <esse>*

47 **ēnītī** erreichen
51 **hodiernus** heutig **referre**
hier: Bericht erstatten
52 **amīcus** Adj. befreundet
M. Servīlius: Volkstribun, der
diese Volksversammlung
einberufen hat **collēga** m Amts-
kollege (Es gab zehn Volkstribunen.) **ōrnātus** geachtet
54 **exārdēscere** (Perf. exārsī)
entbrennen

1 In Anspielung an Ciceros Worte (Z. 2–5) wird dieser Teil der *4. Philippica* auch als „Feldherrnrede" bezeichnet. Diskutieren Sie darüber, ob diese Bezeichnung passend ist.

2 Der Text ist der Schluss der *4. Philippica*, also die **conclusio** (vgl. **I4**). Zeigen Sie, dass in diesem Text, entsprechend der antiken Theorie, viele Themen aufgenommen sind, die Cicero in anderen Reden bereits angedeutet hatte.

3 Weisen Sie nach, dass in diesem Abschnitt eine inhaltliche und emotionale Steigerung vorliegt. Gliedern Sie dazu den Text und achten Sie auf Schlüsselbegriffe jedes Abschnitts.

4 Zwei Personen bzw. Personengruppen beherrschen die gesamte Passage: Antonius auf der einen, die angesprochenen Quiriten auf der anderen Seite. Welche Aussagen sind jeweils mit beiden Gruppen verbunden? Welche psychologische Reaktion will Cicero dadurch erzeugen?

5 Wählen Sie Ihre „Lieblingspassage" aus den bisher übersetzten Redetexten aus, lernen Sie den lateinischen Text auswendig und studieren Sie ihn als Redevortrag ein. Versuchen Sie bei Ihrem Vortrag auch möglichst viel von dem zu beachten, was Sie in **I5** und **I6** erfahren.

I4 Aufbau einer antiken Rede

In der antiken Redetheorie wurde die Rede als zielstrebiger Überredungsprozess betrachtet, dessen Einzelteile in einer sachlich und psychologisch geschickten Anordnung präsentiert werden müssen. Dazu gab es klare Regeln zum Aufbau einer Rede. Sie umfasste normalerweise folgende Teile:

1. **exordium** (Einleitung)
2. **narratio** (Erzählung des Sachverhaltes)
3. **divisio** (Präzisierung des Sachverhaltes)
4. **argumentatio** (Beweis)
5. **conclusio** (Schluss)

Im **exordium** wird der Zuhörer auf das Kommende eingestimmt und sein Interesse geweckt, in der **narratio** wird der zu behandelnde Sachverhalt beschrieben, in der **divisio** präzisiert, d.h. der Redner legt dar, welche der erzählten Punkte entscheidend sind oder worum es im Kern geht, in der **argumentatio**, dem Kernstück jeder Rede, werden die Argumente ausgebreitet, mit denen der Redner seine These stützen bzw. die Thesen anderer entkräften will, die **conclusio** nimmt alle vorher angedeuteten Aspekte noch einmal kurz auf und bildet den emotionalen Höhepunkt, da dieser Teil der Rede der ist, der bei den Zuhörern am besten in Erinnerung bleibt.

Der Lateinprofessor Wilfried Stroh in der Rolle eines römischen Redners.

I5 Rhetorik in Rom

Die Bedeutung der Rhetorik in der römischen Republik kann nicht hoch genug eingeschätzt werden. Rom war in der Zeit der Republik zwar keine Demokratie in modernem Sinne, sondern eher eine Aristokratie, aber alle wichtigen politischen Entscheidungen wurden nicht von einem Einzelnen, sondern in einer beratenden Versammlung vieler getroffen. Das wichtigste Mittel, das einem Politiker zur Verfügung stand, um seine Vorstellungen durchzusetzen, war (neben der Bestechung und dem Stimmenkauf) die Fähigkeit, andere durch eine gute Rede zu überzeugen. Daher gab es in Griechenland schon lange eine Wissenschaft der Rede, auch in Rom existierten schon in Ciceros Jugend Lehrbücher der Rhetorik und auch Redelehrer. Cicero war jedoch der erste Römer, der nach Griechenland ging und Rhetorik bei einem griechischen Redelehrer studierte.

Öffentliche Reden waren in Rom (und in Griechenland) normal, alltäglich und selbstverständlich. Jeder adlige Römer, der später eine höhere gesellschaftliche Position bekleiden wollte, ging im Alter von ca. 16-20 Jahren beim Rhetor in die Ausbildung. Diese höchste Stufe des römischen Schulsystems entsprach eher einem *college* oder einer Universität. Daher war der geballte Einsatz rhetorischer Mittel, also das, was antike Reden für heutige Leser besonders fremd macht, für antike Zuhörer selbstverständlich: Bei Senatsreden waren alle Zuhörer ausnahmslos selbst geschulte Redner, bei Prozessreden oder öffentlichen Reden vor dem Volk wurde der Einsatz rhetorischer Mittel geradezu vom Publikum erwartet. Selbst scheinbare Kleinigkeiten (das Fallen der Toga, die Haltung des Kopfes, die Mimik, der Einsatz geeigneter Rednergesten) waren genau vorgeschrieben und wurden in der Redeschule gelehrt (vgl. **I6**).

3 George W. Bush
State of the Union Address vom 29. Januar 2002

In der Rede des US-Präsidenten zur Lage der Nation vom 29. Januar 2002, etwas mehr als ein Jahr nach dem 11. September 2001, taucht erstmals das Schlagwort von der „*axis of evil*" (Achse des Bösen) auf. George Bush bezeichnet damit die Staaten Nordkorea, Iran und Irak, die den Weltfrieden gefährdeten („*States like these, and their terrorist allies, constitute an axis of evil, arming to threaten the peace of the world*"). Gegen solche Staaten müsse die freie Welt mit allen Mitteln vorgehen („*in any of these cases, the price of indifference would be catastrophic*"), die Hauptverantwortung trage dabei jedoch das amerikanische Volk, denn durch ihre Geschichte verkörperten die USA beispielhaft die Werte Freiheit, Gerechtigkeit, Wohlstand, Menschenwürde, Frieden und Nächstenliebe. Der „*war on terror*" sei daher die historische Mission Amerikas. Die Rede endet mit den Worten:

„This time of adversity offers a unique moment of opportunity – a moment we must seize to change our culture. Through the gathering momentum of millions of acts of service and decency and kindness, I know we can overcome evil with greater good. *(Applause.)* And we have a great opportunity during this time of war to lead the world toward the values that will bring lasting peace.

All fathers and mothers, in all societies, want their children to be educated, and live free from poverty and violence. No people on Earth yearn to be oppressed, or aspire to servitude, or eagerly await the midnight knock of the secret police.
[...]

George W. Bush zur Lage der Nation am 29.1.2002.

Rhetorik für die Republik – Cicero gegen Antonius

In this moment of opportunity, a common danger is erasing old rivalries. America is working with Russia and China and India, in ways we have never before, to achieve peace and prosperity. In every region, free markets and free trade and free societies are proving their power to lift lives. Together with friends and allies from Europe to Asia, and Africa to Latin America, we will demonstrate that the forces of terror cannot stop the momentum of freedom. *(Applause.)*
[...]
In a single instant, we realized that this will be a decisive decade in the history of liberty, that we've been called to a unique role in human events. Rarely has the world faced a choice more clear or consequential.

Our enemies send other people's children on missions of suicide and murder. They embrace tyranny and death as a cause and a creed. We stand for a different choice, made long ago, on the day of our founding. We affirm it again today. We choose freedom and the dignity of every life. *(Applause.)*
Steadfast in our purpose, we now press on. We have known freedom's price. We have shown freedom's power. And in this great conflict, my fellow Americans, we will see freedom's victory.
Thank you all. May God bless." *(Applause.)*

Text ist zitiert nach http://www.whitehouse.gov/news/releases/2002/01/20020129-11.html. Dort kann der Text der Rede auch gehört und die gesamte Rede als Videoaufzeichnung gesehen werden.

1 Listen Sie die rhetorischen Mittel auf, die sich in der Rede des amerikanischen Präsidenten finden.

2 Zwischen Ciceros *Philippischen Reden* und der *Axis of Evil-Rede* liegen mehr als 2000 Jahre, daher kann man beide Reden nur schwer vergleichen.

Inwiefern finden sich trotz dieser grundsätzlichen Schwierigkeit Parallelen? Achten Sie dabei vor allem auf den historischen Hintergrund und den Anlass der Reden, die Verwendung rhetorischer Mittel und die rhetorische Strategie, die beide Redner anwenden.

I6 Antike Redegestik
Der Redner gestikulierte fast ausschließlich mit der rechten Hand, denn die Toga war über die linke Schulter geworfen, dadurch blieb die rechte Hand frei, Gestikulation mit der linken Hand ließ die Toga verrutschen.

Vor allem auf die richtige Haltung der Finger kam es an. Der römische Redelehrer Quintilian (35–96 n. Chr.) hat verschiedene Gebärden beschrieben, von denen Sie einige dargestellt sehen. Die Gebärden 1 bis 3 stehen für Angriff, Schlussfolgerung und Zurückhaltung; die Gebärden 4 bis 6 dienen wohl v. a. der präzisen und drängenden Argumentation.

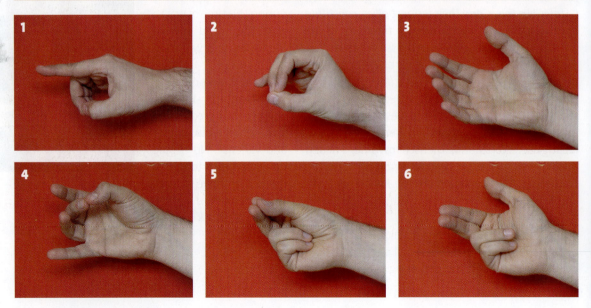

Ciceros Scheitern

8 Antonius gegen den Senat – Streit unter Freunden oder Verrat am Staat?

In einer Senatssitzung verliest Cicero einen Brief des Antonius, dessen Aufassungen er dann Satz für Satz zerpflückt. In der folgenden Passage setzt er sich mit der Sichtweise des Antonius auseinander, der den aktuellen Konflikt für ein Wiederaufflackern der alten Konflikte zwischen Caesarianern und Pompeianern hält. Antonius schreibt:

„Quamobrem vos potius animadvertite, utrum sit elegantius et partibus utilius Trebonii mortem persequi an Caesaris, et utrum sit
3 aequius concurrere nos, quo facilius reviviscat Pompeianorum causa totiens iugulata, an consentire, ne ludibrio simus inimicis." Si esset iugulata, numquam exsurgeret. Quod tibi tuisque contingat! „Utrum"
6 inquit „elegantius" – atqui hoc bello de elegantia quaeritur! – „et partibus utilius."

„Partes", furiose, dicuntur in foro, in curia. Bellum contra patriam
9 nefarium suscepisti; oppugnas Mutinam, circumsedes consulem designatum; bellum contra te duo consules gerunt cumque eis pro praetore Caesar; cuncta contra te Italia armata est. Istas tu „partes"
12 potius quam „a populo Romano defectionem" vocas? Potiusne Treboni mortem quam Caesaris persequimur. Trebonii satis persecuti sumus hoste iudicato Dolabella; Caesaris mors facillime defenditur
15 oblivione et silentio.

Cicero, Philippicae 13,38–39

1   animadvertere *hier*: überlegen **ēlegāns** *hier*: logisch richtig
2   **partēs, ium** *f* Partei **Trebōnius** C. Trebonius *(einer der Caesarmörder, wurde im Januar 43 in Smyrna, dem heutigen Izmir, getötet, sein Mörder Dolabella daraufhin zum Staatsfeind erklärt)*
3   **concurrere** in Konflikt geraten **revīvīscere** wieder aufleben **causa** *hier*: Anliegen
4   **cōnsentīre** sich einig sein **lūdibrium** Spott
1–4   animadvertite, utrum sit ēlegantius … an …, et utrum sit aequius … an …
5   **(ex)surgere** (wieder) aufstehen **tibi**: *gemeint ist Antonius*
6   **atquī** freilich *(ironisch gemeint)* **ēlegantia** *hier*: Logik
8   **furiōsus** wahnsinnig
9   **Mutina** Mutina *(Stadt in Oberitalien – heute Modena –, wo Antonius im Frühjahr 43 v. Chr. D. Brutus einschloss und belagerte)* **circumsedēre** belagern
10/11   **prō praetōre** als Vertreter des Prätors **Caesar** *hier*: Octavian
12   **dēfectiō ā** Verrat an
14   **dēfendere** *hier*: gerichtlich verfolgen, bestrafen

1   Sammeln Sie die Ausdrücke, Wörter oder grammatischen Formen, die im Brief des Antonius, und die, die in Ciceros Kritik wiederholt auftauchen. Stellen Sie ausgehend von diesen dar, welche Sichtweise des aktuellen Konflikts Antonius hat und welche Cicero.

2 a) Stellen Sie dar, welche Rolle der Begriff partes in den verschiedenen Sichtweisen spielt.
b) Untersuchen Sie, ob sich Ciceros Sichtweise auch schon in **T5** zeigt.

3   Beurteilen Sie aus Ihrer Sicht, wer von beiden – Antonius oder Cicero – eher recht hat. Begründen Sie Ihre Entscheidung.

Rhetorik für die Republik – Cicero gegen Antonius

T9 Lepidus, der überzeugte Republikaner?

In der 5. *Philippica* (gehalten am 1. Januar 43 v. Chr.) beschäftigt sich Cicero mit der Gesamtlage und schlägt insgesamt fünf Ehrungen vor für verschiedene Personen, die sich im letzten Jahr besonders um den Staat verdient gemacht hätten. In dem folgenden Text beantragt Cicero ein Reiterstandbild für Lepidus:

Atque etiam M. Lepido pro eius egregiis in rem publicam meritis

decernendos honores quam amplissimos censeo. Semper ille popu-

3 lum Romanum liberum voluit maximumque signum illo die dedit

voluntatis et iudicii sui, cum Antonio diadema Caesari imponente se

avertit gemituque et maestitia declaravit, quantum haberet odium

6 servitutis, quam populum Romanum liberum cuperet, quam illa,

quae tulerat, temporum magis necessitate quam iudicio tulisset.

Quanta vero is moderatione usus sit in illo tempore civitatis, quod

9 post mortem Caesaris consecutum est, quis nostrum oblivisci potest?

Magna haec, sed ad maiora properat oratio. Quid enim – o di

immortales! – admirabilius omnibus gentibus, quid optatius populo

12 Romano accidere potuit quam, cum bellum civile maximum esset,

cuius belli exitum omnes timeremus, sapientia et misericordia id

potius exstingui quam armis et ferro rem in discrimen adducere? [...]

15 Quam ob causam iustam atque magnam et, quod periculosissimum

civile bellum maximumque humanitate et sapientia sua M. Lepidus

ad pacem concordiamque convertit, senatus consultum his verbis

18 censeo perscribendum: „Cum a M. Lepido imperatore, pontifice

maximo saepenumero res publica et bene et feliciter gesta sit, popu-

lusque Romanus intellexerit ei dominatum regium maxime displice-

21 re, [...] ei statuam equestrem inauratam in rostris aut, quo alio loco in

foro vellet, ex huius ordinis sententia statui placere."

Cicero, Philippicae 5,38-39

[1] **meritum** Verdienst
[2] *dēcernendos ‹esse›*
cēnsēre *hier*: beantragen
[3] *līberum ‹esse›*
[4] **iūdicium** *hier*: Meinung
diadēma, atis *n* Königskrone
[5] **maestitia** Betroffenheit
dēclārāre zeigen
[7] **necessitās, ātis** Zwang
[8] **moderātiō, ōnis** *f* Zurückhaltung **tempus** *hier*: Krise

[10] *Magna haec ‹sunt›, sed ...*
[11] **admīrābilis, e** bewundernswert **optātus** erwünscht
[13] **sapientia** Einsicht **misericordia** Mitgefühl
[15] **perīculōsus** gefährlich
[18] **perscrībere** protokollieren
perscrībendum ‹esse›
[18/19] **pontifex maximus** oberster Priester
[19] **saepenumerō** oft
[20] **dominātus rēgius** Königsherrschaft
[20/21] **displicēre** missfallen
[21] **statua equestris** Reiterstandbild **inaurātus** vergoldet
rōstra, ōrum *n* Rednerbühne *(auf dem Forum)*
[22] **placēre** *hier*: beschließen *(in Senatsbeschlüssen)*

1 Sammeln Sie die Aussagen, die Cicero in dieser Rede über Lepidus macht, und vergleichen Sie sie mit dem, was Sie über Lepidus wissen (vgl. S. 8 f.).

2 Zeigen Sie an der Person des Lepidus, wie problematisch Ciceros Einschätzung der römischen Politik ist (vgl. dazu bes. **T5** und **M2**). Entspricht Ciceros Begriff der „boni" der tagespolitischen Realität oder ist er ein Wunschtraum? Begründen Sie Ihre Meinung.

3 Letztlich sind Ciceros *Philippica*, die „Krönung seines Lebenswerkes" (Wilfried Stroh), großartige Reden, die politisch nichts bewirkt, sondern höchstens den Gang der Ereignisse um einige Monate verzögert haben. Versuchen Sie aus Ihrer Kenntnis der Reden Gründe zu formulieren, warum Cicero politisch gescheitert ist.

Ciceros Tod

Zu den Vereinbarungen des zweiten Triumvirats vom November 43 v. Chr. zwischen Antonius, Octavian und Lepidus gehörte eine Todesliste politischer Gegner, die für ihren Widerstand bestraft werden sollten. Antonius ließ seinen Todfeind Cicero als ersten auf diese Liste setzen, Octavian verhinderte es nicht. Als Cicero dies mitgeteilt wurde, floh er aus Rom auf seine Landgüter, versuchte, die Küste zu erreichen, um mit einem Schiff nach Griechenland zu fliehen. Am 7. Dezember 43 v. Chr. holen ihn die Todeskommandos ein, als er in einer Sänfte zum Hafen getragen wird. Der Historiker Livius erzählt seinen Tod:

„Es steht hinreichend fest, dass seine Sklaven bereit waren, tapfer und treu zu kämpfen. Er selbst forderte sie aber auf, die Sänfte abzusetzen und ruhig zu ertragen, was ein ungünstiges Los aufzwinge. Indem er sich aus der Sänfte herausbeugte und seinen Nacken unbewegt darbot, wurde ihm das Haupt abgeschlagen.
Aber das reichte der brutalen Grausamkeit der Soldaten noch nicht: sie schlugen ihm auch noch die Hände ab mit dem Vorwurf, sie hätten gegen Antonius geschrieben. So wurde sein Haupt zu Antonius gebracht und auf dessen Anordnung zwischen den beiden Händen auf der Rednertribüne ausgestellt, wo man ihn als Konsul, wo man ihn oft als Konsular, wo man ihn noch gerade in diesem Jahr gegen Antonius mit einer Bewunderung vor seiner Beredsamkeit gehört hatte, wie man sie noch nie einer menschlichen Stimme gezollt hatte. Vor Tränen konnten die Leute nur mit Mühe ihre Augen erheben und die Glieder ihres hingemordeten Mitbürgers anschauen. [...]
Er wurde 63 Jahre alt, sodass sein Tod, wäre da nicht die Gewalt gewesen, nicht einmal als verfrüht angesehen werden kann. Ein in seinen Leistungen und der Anerkennung seiner Leistungen begnadetes Talent! Er war lange vom Schicksal begünstigt; doch bei der langen Dauer seines Glücks wurde er bisweilen von schweren Schlägen getroffen. [...] Von allem Unglück trug er nichts, wie es einem Manne ansteht – bis auf seinen Tod."

Livius, Fragmente Buch 120. Ü: T. Livius: Römische Geschichte. Buch XLV. Antike Inhaltsangaben und Fragmente der Bücher XLVI–CXLII, lateinisch und deutsch hrsg. von H.J. Hillen. Sammlung Tusculum. Düsseldorf/Zürich (Artemis & Winkler) 2000, S. 313 ff.

Mythos und Verwandlung – Ovids Metamorphosen

Szenenbild aus dem Spielfilm „Troja". USA, 2004.

Aus unserer modernen Welt sind die Mythen der Antike nicht wegzudenken: Mythische Gestalten begegnen uns nicht nur im Theater, in der Literatur, der bildenden Kunst, sondern auch in Film und Fernsehen, ja selbst in der Werbung. Auch unsere Alltagssprache ist voll von antiker Mythologie:

- Wenn wir davon sprechen, dass jemand eine *Odyssee* hinter sich gebracht hat, dann meinen wir, dass man nur unter großen Schwierigkeiten und Umwegen sein Ziel erreichen konnte. Damit erinnern wir an den antiken Mythos, den uns der griechische Dichter Homer in seinem Epos *Odyssee* erzählt: Odysseus, der König von Ithaka, brauchte zehn Jahre, um nach der Eroberung Trojas nach Hause zu kommen. Er musste gefährliche Abenteuer bestehen, um zu seiner Frau Penelope und seinem Sohn Telemach heimzukehren.
- Mit der *Achillesferse* bezeichnen wir eine besondere persönliche Schwäche und verwenden damit ein Bild aus der antiken Mythologie: Dem griechischen Helden Achill war schon als Kind ein früher Tod in der Schlacht vorhergesagt worden. Seine Mutter Thetis versuchte ihn davor zu bewahren, indem sie ihn in das Wasser des Unterweltsflusses Styx tauchte, um ihn unverwundbar zu machen. Jedoch wurde die Ferse, an dem sie ihren Sohn festhielt, nicht ins Wasser getaucht und blieb daher verwundbar. Diese Stelle wurde Achill im Trojanischen Krieg zum Verhängnis: Paris traf *Achills Ferse* mit einem vergifteten Pfeil und verletzte ihn tödlich.
- Im Reitsport begegnet uns der Begriff *Amazonen*, mit dem die Reiterinnen bezeichnet werden. Überhaupt werden besonders sportliche oder kämpferische Frauen *Amazonen* genannt. Dieser Name wurde aus der antiken Mythologie entlehnt: Die Amazonen sind ein sagenhaftes Volk kriegerischer Frauen, die selbst den bekanntesten Helden große Schwierigkeiten bereiteten. So griffen die Amazonen in den Trojanischen Krieg ein, um den Trojanern zu helfen, und wurden zum Schrecken der griechischen Belagerer. Erst Achill besiegte Penthesilea, die Königin der Amazonen.

1 Suchen Sie weitere Beispiele aus der antiken Mythologie in unserer Alltagssprache.

2 Prüfen Sie Werbeanzeigen in Zeitschriften, Zeitungen und im Internet auf die Verwendung mythologischer Namen und Begriffe. Überlegen Sie, warum die antiken Vorbilder verwendet werden.

Der Mythos

Alle diese Geschichten von Göttern, Helden und Ungeheuern gehören zum **Mythos**. Was bedeutet eigentlich das aus dem Griechischen stammende Wort Mythos? In einem Wörterbuch liest man:

ΜΥΘΟΣ

1. **Wort, Rede, Erzählung, Gespräch**
   a. Nachricht, Bericht, Bescheid, Befehl
   b. Gedanke, Meinung, Rat
   c. Sache, Begebenheit, Geschichte

2. **Gerücht, Erdichtetes**
   a. Legende, Sage
   b. Tierfabel, Märchen

---

3 Nennen Sie Merkmale, die man dem Mythos aufgrund der verschiedenen Bedeutungen zuweisen kann.

Der Mythos erfüllte in der Antike vielfältige Funktionen und ist mehr als nur eine Ansammlung von offensichtlich erfundenen Götter- und Heldengeschichten mit märchenhaften Elementen. Jede Kultur findet im Mythos Hinweise auf ihre Erinnerungen, Traditionen und Gebräuche.
Der Mythos der Griechen (und ihrer kulturellen „Nachkommen", der Römer) enthält ein vollständiges Weltbild und gibt eine bildliche Erklärung für die Kräfte der Natur. Wenn erzählt wird, dass der Sonnengott Helios mit seinem Wagen am Himmel seine Bahn zieht, in der Nacht auf dem Okeanos nach Osten zurückkehrt und am Morgen seine Fahrt von neuem beginnt, so ist dies die bildhafte Erklärung für den Wechsel von Tag und Nacht. Die Vorstellung, dass Zeus im Zorn Blitze schleudert, ist die bildliche Veranschaulichung für die in der Frühzeit der Menschheit nicht erklärbaren Naturphänomene von Blitz und Donner.

Selbst das Schicksal ganzer Völker versucht man durch den Mythos zu erklären: Weil durch den Willen der Götter Troja untergehen muss, ist Aeneas gezwungen, seine Heimat zu verlassen und für die Überlebenden aus Troja eine neue Heimat zu suchen. Diese findet er in Italien, wo aus dem Zusammenwachsen der geflohenen Trojaner und der einheimischen Latiner ein neues Volk entsteht, aus dem die Weltmacht Rom hervorgeht.

4 Auch abstrakte Begriffe, Gefühle und Vorstellungen (wie z.B. Gerechtigkeit oder Liebe) werden durch mythische Geschichten sinnfällig und verständlich gemacht. Was bedeutet es also, wenn Orestes, der Sohn des Agamemnon, nach der Ermordung seiner Mutter Klytaimnestra von den Erinnyen, den Rachegöttinnen, gejagt und verfolgt wird?

Ovid und die Metamorphosen

Eine der wichtigsten Quellen für die antiken Mythen ist das Epos *Metamorphosen* des römischen Dichters **Ovid** (43 v. Chr.–17 n. Chr.). Sein 15 Bücher umfassendes Werk, geschrieben im Versmaß des Hexameters, wurde im Mittelalter geradezu als mythologisches Handbuch gelesen. Am Beginn seines Schaffens standen hauptsächlich Liebesdichtungen; am bekanntesten sind seine Sammlung von Liebeselegien, die *Amores*, und das unterhaltsame Lehrgedicht mit Anleitungen zur Liebe für junge Männer und Frauen, die *Ars amatoria*. Wohl weil der sexuell z.T. recht freizügige Charakter dieser Werke dem Kaiser Augustus missfallen hatte, wandte sich der Dichter – zumindest formal – einer anderen Textgattung zu. Sein neues Werkkonzept erläuterte er in den vier Einleitungsversen, dem Proömium, zu den *Metamorphosen*:

Sollte Ihnen die Übersetzung der vier Verse Schwierigkeiten bereiten, können Sie die leicht adaptierte Fassung zu Hilfe nehmen:

Mythos und Verwandlung – Ovids Metamorphosen

In nova fert animus mutatas dicere formas
corpora. Di, coeptis – nam vos mutastis et illas –
3 adspirate meis primaque ab origine mundi
ad mea perpetuum deducite tempora carmen.

Animus fert dicere formas in nova corpora mutatas.
Di – nam vos et(iam) illas muta(vi)stis –,
3 adspirate coeptis meis duciteque ab prima origine mun‹
ad mea tempora perpetuum carmen.

[1] **animus fert** ~ animus (meus) vult **dīcere** ~ nārrāre dē **fōrma** *hier:* Gestalt [2/3] **adspīrāre coeptīs** ~ adiuvāre coepta (= das Vorhaben)
[2] **illās** ‹fōrmās› [4] **mea tempora** ~ meum tempus **perpetuus** *hier:* ununterbrochen dahinfließend

5 Fassen Sie den Inhalt des Proömiums (vier Kernpunkte) mit eigenen Worten zusammen. Erläutern Sie auf der Grundlage Ihres bisherigen Wissens über antike Mythen, was Ovid mit den ersten beiden Zeilen meint.

6 Ein durchgängiges Merkmal lateinischer Dichtung ist die ungewöhnliche Wortstellung. Zeigen Sie am Originaltext Ovids auf, dass gerade durch die Wortstellung wichtige Begriffe stilistisch besonders hervorgehoben werden. – Lesen Sie dann den Originaltext laut und langsam und bemühen Sie sich, auf diese Weise nachzuvollziehen, dass der Text durch den Rhythmus, die Klangwirkung und die Wortstellung „lebt".

7 In einigen der aus dem Mittelalter überlieferten Handschriften findet sich in Zeile 2 eine Textvariante: Anstelle der Form illas liest man illa. – Erschließen Sie zunächst, welcher der zwei möglichen grammatischen Bezüge von illa der einzig sinnvolle ist. Versuchen Sie dann Ihre Erkenntnis auszudeuten, indem Sie die folgenden Bemerkungen antiker Geschichtsschreiber zu Kaiser Augustus berücksichtigen:

– Tacitus, *Annales* 1,10,6: „Nichts hat er den Göttern an Ehren vorbehalten, da er wollte, dass er mit Tempeln und mit göttlichen Darstellungen durch eigene und staatliche Priester verehrt werde."

– Aurelius Victor, *Caesares* 1,6: „Ihm wurden als einem Gott in Rom und in allen Provinzen in den bedeutendsten Städten zu Lebzeiten und nach dem Tod Tempel, Priester und Priesterkollegien geweiht."

Ovid gibt mit seinem knappen Proömium dem Leser ein paar grundsätzliche Hinweise auf den Inhalt der *Metamorphosen*. Neben dem Thema nennt er den Zeitrahmen und charakterisiert das Werk als **carmen perpetuum**. Was also erwartet den Leser?

Das Werk präsentiert, wie der Dichter mit der Zeitangabe prima ... ab origine mundi ad mea ... tempora andeutet, eine Art mythologische Weltgeschichte. Diese behandelt zunächst das Götterzeitalter (Bücher 1–5), dann das Heroenzeitalter (Bücher 6–10) und schließlich die gleichsam „historische" Zeit, die mit der Gründung Trojas beginnt und bis zur Zeit des Dichters reicht (ad mea tempora); als deren Höhepunkt wird die Herrschaft des Augustus gepriesen. In lockerer Folge werden dabei über 250 Verwandlungsgeschichten unterschiedlicher Länge und in unterschiedlicher Erzählweise aneinandergereiht, sodass der Dichter sein Epos mit Recht als **carmen perpetuum** bezeichnen kann. Der Leser lernt auf diese Weise viele Sagen kennen, die bis in die Gegenwart hinein die bildende Kunst, die Musik und die Literatur nachhaltig beeinflusst haben. In den ersten fünf Büchern finden sich z. B. die Geschichten von der Weltschöpfung und den vier Weltaltern, von Apoll und Daphne oder von Jupiter und Europa. Im mittleren Teil der *Metamorphosen* erfährt der Leser etwas von der Zauberin Medea, vom genialen Ingenieur Daedalus, vom Sänger Orpheus und vom Bildhauer Pygmalion. In den Büchern 11–15 behandelt der Dichter Episoden aus dem Leben der Helden vor Troja und kommt abschließend auf Aeneas, Romulus, Caesar und Augustus zu sprechen. Im Schlussabschnitt verleiht der Dichter seiner Überzeugung Ausdruck, dass sein Nachruhm über alle Jahrhunderte fortdauern werde – er sollte recht behalten!

T1 Pyramus und Thisbe

Eine der bekanntesten Episoden der *Metamorphosen* ist die traurige Liebesgeschichte der beiden Nachbarskinder Pyramus und Thisbe, die in Babylon wohnen und erhebliche Probleme mit ihren Eltern haben.

> **Sachfeld** Liebe und Jugend
> amāre, amīca, amīcus, amor, ārdēre, cārus, corpus, iungere, iuvenis, lacrima, mēns, ōs, puella, pulcher
> **Sachfeld** Gefahr, Verwundung und Sterben
> caedēs, exstinguere, metus, miser, mors, nex, perdere, perīculum, sanguis, vulnus
> **Grammatik** Subjunktionen ut *und* dum
> **Grammatik** Participium coniunctum

John William Waterhouse (1849–1917): Thisbe. 1909. Privatsammlung.

55 Pyramus et Thisbe, iuvenum pulcherrimus alter,
　　altera, quas Oriens habuit, praelata puellis,
　　contiguas tenuere domos, ubi dicitur altam
58 coctilibus muris cinxisse Semiramis urbem.
　　Notitiam primosque gradus vicinia fecit,
　　tempore crevit amor; taedae quoque iure coissent,
61 sed vetuere patres. Quod non potuere vetare,
　　ex aequo captis ardebant mentibus ambo.
　　Conscius omnis abest; nutu signisque loquuntur,
64 quoque magis tegitur, tectus magis aestuat ignis.
　　Fissus erat tenui rima, quam duxerat olim,
　　cum fieret, paries domui communis utrique.
67 Id vitium nulli per saecula longa notatum –

56 **Oriēns** der Osten
altera praelāta puellīs, quās Oriēns habuit
57 **contiguus** benachbart
58 **coctilis, e** aus Ziegelsteinen gebrannt
Semīramis, idis Semiramis (→ EV)
59 **nōtitia:** *Subst. zu* nōtus **vīcīnia** Nachbarschaft
60 **taedae iūre coīre** heiraten
61 **vetuēre** ~ vetuērunt **potuēre** ~ potuērunt
62 **ex aequō** gleichermaßen **captīs** ‹amōre› **mentibus**
63 **cōnscius** Mitwisser **nūtus, ūs** Nicken
64 **aestuāre** auflodern
‹et› *quō magis* ‹īgnis› *tegitur, tēctus* ‹eō› *magis aestuat īgnis*
65 **fissus** gespalten **rīma** Spalte **dūcere** *hier:* bekommen
66 **paries** *m* Wand

37

Mythos und Verwandlung – Ovids Metamorphosen

quid non sentit amor? – primi vidistis amantes
et vocis fecistis iter; tutaeque per illud
70 murmure blanditiae minimo transire solebant.
Saepe, ubi constiterant – hinc Thisbe, Pyramus illinc –
inque vices fuerat captatus anhelitus oris,
73 „invide" dicebant „paries, quid amantibus obstas?
Quantum erat, ut sineres toto nos corpore iungi
aut, hoc si nimium est, vel ad oscula danda pateres?
76 Nec sumus ingrati: Tibi nos debere fatemur,
quod datus est verbis ad amicas transitus aures."
Talia diversa nequiquam sede locuti
79 sub noctem dixere „vale" partique dedere
oscula quisque suae non pervenientia contra.
Postera nocturnos Aurora removerat ignes,
82 solque pruinosas radiis siccaverat herbas;
ad solitum coiere locum. Tum murmure parvo
multa prius questi statuunt, ut nocte silenti
85 fallere custodes foribusque excedere temptent,
cumque domo exierint, urbis quoque tecta relinquant,
neve sit errandum lato spatiantibus arvo,
88 conveniant ad busta Nini lateantque sub umbra
arboris. Arbor ibi niveis uberrima pomis,
ardua morus, erat, gelido contermina fonti.

91 Pacta placent; et lux tarde discedere visa,
praecipitatur aquis, et aquis nox exit ab isdem.
Callida per tenebras versato cardine Thisbe
94 egreditur fallitque suos adopertaque vultum
pervenit ad tumulum dictaque sub arbore sedit.
Audacem faciebat amor. Venit ecce recenti
97 caede leaena boum spumantes oblita rictus
depositura sitim vicini fontis in unda;

---

[69] et <rīmam> iter vōcis fēcistis per illud <iter>
[70] murmur, murmuris *n* Gemurmel blanditia Schmeichelei
[71] hinc ... illinc auf der einen, auf der anderen Seite
[72] in vicēs gegenseitig fuerat ~ erat captāre erhaschen anhēlitus, ūs Atem
[73] invidus neidisch obstāre im Wege stehen
[74] quantum erat, ut wie viel würde es bedeuten, wenn
[75] vel wenigstens
[77] trānsitus *m: Subst. zu* trānsīre
[78] nēquīquam vergeblich
[79] sub noctem zu Beginn der Nacht dixēre ~ dixērunt dedēre ~ dedērunt
[79/80] et quisque partī suae <mūrī> dedēre ōscula
[80] contrā hinüber
[81] Aurōra Morgenröte removēre (*Perf.* remōvī) vertreiben
[82] pruīnōsus bereift radius Strahl siccāre trocknen herba Pflanze
[84] silēre schweigen nocte silentī ~ nocte silente
[85] forēs, ium *Pl.* Tür
[87] nēve ~ et nē spatiārī wandern lātō arvō ~ in lātō arvō arvum Gelände
[88] busta *n Pl.* Grabmal Ninus: *Ehemann der Semiramis*
[89] ūber, eris fruchtbar
[90] arduus hochragend mōrus *f* Maulbeerbaum gelidus kalt conterminus benachbart
[91] pacta *n Pl.* Verabredung tardus langsam
[92] praecipitārī *m. Dat.* versinken in
[93] callidus schlau versāre drehen cardō, inis *m* Türangel versātō cardine ~ postquam cardō versātus est
[94] adoperīrī (*Perf.* adopertus sum) bedecken
[95] dictus verabredet sīdere (*Perf.* sēdī) sich setzen
[97] caedēs, is *f* hier: Blut leaena Löwin boum ~ bovum (*Gen. Pl.*) spūmāre schäumen oblinere (*PPP* oblitum) beschmieren rictūs, uum *m Pl.* Maul
[96/97] **Übersetzen Sie zunächst:** *Ecce vēnit leaena. Ecce vēnit leaena, quae oblita est recentī caede boum. Ecce vēnit leaena, quae oblita est spūmantēs rictūs (Akk. der Beziehung) recentī caede boum.*
[98] sitim dēpōnere den Durst löschen

Pyramus und Thisbe

quam procul ad lunae radios Babylonia Thisbe
100 vidit et obscurum timido pede fugit in antrum;
dumque fugit, tergo velamina lapsa reliquit.
Ut lea saeva sitim multa conpescuit unda,
103 dum redit in silvas, inventos forte sine ipsa
ore cruentato tenues laniavit amictus.

Serius egressus vestigia vidit in alto
106 pulvere certa ferae totoque expalluit ore
Pyramus. Ut vero vestem quoque sanguine tinctam
repperit, „una duos" inquit „nox perdet amantes,
109 e quibus illa fuit longa dignissima vita;
nostra nocens anima est. Ego te, miseranda, peremi,
in loca plena metus qui iussi nocte venires,
112 nec prior huc veni. Nostrum divellite corpus
et scelerata fero consumite viscera morsu,
o quicumque sub hac habitatis rupe leones!
115 Sed timidi est optare necem." Velamina Thisbes
tollit et ad pactae secum fert arboris umbram,
utque dedit notae lacrimas, dedit oscula vesti,
118 „Accipe nunc" inquit „nostri quoque sanguinis haustus!"
Quoque erat accinctus, demisit in ilia ferrum,
nec mora, ferventi moriens e vulnere traxit.
121 Ut iacuit resupinus humo, cruor emicat alte,
non aliter, quam cum vitiato fistula plumbo
scinditur et tenui stridente foramine longas
124 eiaculatur aquas atque ictibus aera rumpit.
Arborei fetus adspergine caedis in atram
vertuntur faciem, madefactaque sanguine radix
127 purpureo tinguit pendentia mora colore.

---

99 quam <leaenam> ad lūnae radiōs im Mondlicht
101 vēlāmina n Pl. Schleier lābī (Perf. lāpsus sum) heruntergleiten
102 lea Löwin sitim conpescere (Perf. compescuī) den Durst löschen
103 sine ipsā ohne die Besitzerin
104 cruentātus blutverschmiert amictūs m Pl. Schleier
103/104 <lea> laniāvit ōre cruentātō inventōs forte sine ipsā tenuēs amictūs

105 sērius später
106 certa: zu vestīgia fera das wilde Tier expallēscere (Perf. expalluī) erbleichen
109 illa <Thisbē> | fuit ~ fuisset
110 nostra ~ mea nocēns schuldig miserārī beklagen perimere (Perf. perēmī) vernichten
111 quī iussī, <ut> in loca plēna metūs nocte venīrēs
112 nostrum ~ meum dīvellere zerreißen
113 vīscera n Pl. Eingeweide morsus, ūs Biss
114 rupēs, is f Felsen
115 timidus hier: Feigling Thisbēs: griech. Gen.
117 nōtae <vestī>
118 haustūs m Pl. Trunk
119 accingere (PPP accīnctum) bewaffnen dēmittere (Perf. dēmīsī) hier: hineinstoßen īlia n Pl. Unterleib
et ferrum, quō accīnctus erat, in īlia dēmīsit
120 nec mora unverzüglich fervēre brennend heiß sein
121 resupīnus auf dem Rücken (liegend) humō auf dem Boden ēmicāre hervorspritzen
122 vitiātus schadhaft fistula Wasserrohr plumbum Blei
123 scindī platzen tenuis, e hier: schmal strīdēre zischen forāmen, inis n Öffnung
124 ēiaculārī m. Abl. herausschießen lassen aus ictus, ūs Stoß āera: griech. Akk.
125 arboreus: Adj. zu arbor fētus, ūs Frucht adspergō, inis f Spritzer
126 madefacere (PPP madefactum) tränken
127 mōrum Maulbeere

39

Mythos und Verwandlung – Ovids Metamorphosen

Ecce metu nondum posito, ne fallat amantem,

illa redit iuvenemque oculis animoque requirit,

130 quantaque vitarit narrare pericula gestit.

Utque locum et visa cognoscit in arbore formam,

sic facit incertam pomi color; haeret, an haec sit.

133 Dum dubitat, tremebunda videt pulsare cruentum

membra solum, retroque pedem tulit, oraque buxo

pallidiora gerens exhorruit aequoris instar,

136 quod tremit, exigua cum summum stringitur aura.

Sed postquam remorata suos cognovit amores,

percutit indignos claro plangore lacertos

139 et laniata comas amplexaque corpus amatum

vulnera supplevit lacrimis fletumque cruori

miscuit et gelidis in vultibus oscula figens

142 „Pyrame," clamavit, „quis te mihi casus ademit?

Pyrame, responde! Tua te carissima Thisbe

nominat; exaudi vultusque attolle iacentes!"

145 Ad nomen Thisbes oculos a morte gravatos

Pyramus erexit visaque recondidit illa.

Quae postquam vestemque suam cognovit et ense

148 vidit ebur vacuum, „Tua te manus" inquit „amorque

perdidit, infelix! Est et mihi fortis in unum

hoc manus, est et amor; dabit hic in vulnera vires.

151 Persequar exstinctum letique miserrima dicar

causa comesque tui. Quique a me morte revelli

heu sola poteras, poteris nec morte revelli.

154 Hoc tamen amborum verbis estote rogati,

o multum miseri meus illiusque parentes,

---

[128] <dē>positō | fallere *hier:* enttäuschen

[130] vītāre *m. Akk. hier:* einer Sache entgehen
vītā<ve>rit | gestīre heftig verlangen

[128–130] Übersetzen Sie zunächst: *Metus nōndum dēpositus est. Ecce illa redit, nē fallat amantem. Illa iuvenem oculīs animōque requīrit. Illa gestit narrāre, quanta perīcula vītāverit.*

[131/132] ut ... sīc zwar ... aber

[131] vīsā: *zu* in arbore

[132] haerēre *hier:* ratlos sein haec <arbor>

[133] tremebundus zitternd

[134/135] ōra pallida gerere im Gesicht bleich werden

[134] buxum Buchsbaumholz

[135] exhorrēscere *(Perf.* exhorruī*)* erschaudern
īnstar *m. Gen.* wie

[136] tremere zittern exiguus schwach
summum *hier:* Oberfläche stringere leicht berühren

[137] remorārī *(Perf.* remorātus sum*)* innehalten
amōrēs *hier:* Geliebter

[138] percutere heftig schlagen clārus *hier:* laut
plangor, ōris *m* Wehklagen lacertus Arm

[139] laniārī comās sich die Haare raufen
amplectī *(Perf.* amplexus sum*)* umarmen

[140] flētus Weinen

[141] ōscula fīgere in Küsse aufdrücken

[142] adimere *(Perf.* adēmī*)* wegnehmen

[144] exaudī: *verstärkend statt* audī attollere erheben

[145] gravātus beschwert

[146] ērigere *(Perf.* ērēxī*)* aufschlagen
re-condere *(Perf.* re-condidī*)* wieder schließen
vīsāque illā ~ et postquam illa vīsa est

[148] ebur, oris *n hier:* Schwertscheide vacuus
m. Abl. leer von etw.

[150] hic ~ amor in vulnera für Verwundungen

[151] <tē> exstīnctum
lētum Tod

[152] revellere entreißen

[153] heu ach

[152/153] *et tū, quī ā mē morte sōlā heu revellī poterās, nec morte revellī poteris*

[154] ambōrum verbīs in unser beider Namen
hoc estōte rogātī darum lasst euch bitten

[155] *meus parēns et parēns illīus*

Pyramus und Thisbe

ut, quos certus amor, quos hora novissima iunxit,	156 **novissimus** letzter
157 componi tumulo non invideatis eodem.	157 **compōnere** bestatten
At tu quae ramis arbor miserabile corpus	156/157 **Übersetzen Sie zunächst:** *Nōs certus amor, nōs hōra novissima iunxit. ‹Hoc estōte rogātī,› ut nōn invideātis nōs tumulō eōdem compōnī.*
nunc tegis unius, mox es tectura duorum,	158 **rāmus** Zweig
160 signa tene caedis pullosque et luctibus aptos	160 **pullus** dunkel **aptus** passend für
semper habe fetus, gemini monimenta cruoris."	161 **monimentum** ~ monumentum
Dixit et aptato pectus mucrone sub imum	162 **aptāre** ansetzen **pectus sub īmum** direkt unterhalb der Brust **mucrō, ōnis** *m* Schwertspitze
163 incubuit ferro, quod adhuc a caede tepebat.	163 **incumbere** *(Perf.* incubuī*) m. Dat.* sich stürzen in **caedēs, is** *f hier:* Blut **tepēre** warm sein
Vota tamen tetigere deos, tetigere parentes;	164 **vōtum** Wunsch
nam color in pomo est, ubi permaturuit, ater,	165 **permātūrēscere** *(Perf.* permātūruī*)* reif werden
166 quodque rogis superest, una requiescit in urna.	166 **rogus** Scheiterhaufen **rogīs:** *poet. Pl.* **requiēscere** ruhen **urna** Urne

Ovid, Metamorphosen 4,55-166

Pyramus und Thisbe. Römische Wandmalerei aus der Villa des Loreius Tiburtinus. 1. Jh. n. Chr. Pompeji.

41

Mythos und Verwandlung – Ovids Metamorphosen

1 Die Liebe – amor – ist der Schlüsselbegriff der Geschichte.
a) Wie beschreibt Ovid in v. 59–64 die Entwicklung der Liebe von Pyramus und Thisbe?
b) Stellen Sie alle Textstellen zusammen, in denen Wörter wie amor und amare auftauchen. Beachten Sie ihre Stellung im Vers. Welche Rolle spielt die Liebe in den jeweiligen Szenen?

2 In v. 63 heißt es conscius omnis abest. Erläutern Sie, inwieweit in dieser Tatsache der Ansatz zu den späteren tragischen Ereignissen liegt.

3 Analysieren und erklären Sie die Wortstellung in v. 71.

4 Welche Doppelfunktion erfüllt die Wand in dieser Geschichte?

5 Erklären Sie, aus welchen Gründen Ovid in v. 70 und 73 die Imperfekte solebant und dicebant, in v. 79 jedoch die Perfekte dixēre und dedēre verwendet.

6 In v. 96–98 und 102–104 wird der Auftritt der Löwin geschildert. Erklären Sie, weshalb die dabei beschriebenen Einzelheiten wichtig für den weiteren Verlauf der Geschichte sind.

7 Ab v. 105 greift Pyramus in das Geschehen ein.
a) Zunächst erfahren wir, dass Pyramus serius das Haus verlassen habe. Prüfen Sie zunächst die Übersetzungsmöglichkeiten für serius. Nennen Sie die Übersetzung, die Ihnen in Anbetracht der sich anschließenden Ereignisse treffend scheint.
b) Erscheint Ihnen die Aussage berechtigt, dass Pyramus (und auch Thisbe) an den tragischen Ereignissen selber schuld sind? Begründen Sie Ihre Meinung.
c) Wie wirkt die Darstellung des Selbstmordes von Pyramus auf Sie? Begründen Sie, ob Pyramus' Handlung folgerichtig oder unüberlegt erscheint und ob seine Worte glaubhaft geschildert oder überzogen dargestellt sind.

8 In v. 121–123 und 135 f. liegen zwei Gleichnisse vor. Bei einem Gleichnis handelt es sich um ein sprachliches Gestaltungsmittel, bei dem eine Vorstellung, ein Vorgang oder Zustand (Sachebene) zur Veranschaulichung mit einem Sachverhalt aus einem anderen, meist sinnlich-konkreten Bereich (Bildebene) verglichen wird. Die Entsprechungen beider Teile konzentrieren sich in einem einzigen, für die Aussage wesentlichen Vergleichspunkt, dem *tertium comparationis*.
a) Untersuchen Sie die vorliegenden Gleichnisse gemäß der genannten Definition auf ihre Bestandteile.
b) Analysieren Sie, welche Funktion diese Gleichnisse in der Geschichte haben.

9 Wie mit vielen anderen Geschichten, die Ovid in seinen *Metamorphosen* erzählt, haben sich auch mit dieser tragischen Liebesgeschichte zahlreiche Komponisten, Maler und Schriftsteller beschäftigt, so z.B. William Shakespeare (1564–1616) in seinem *Sommernachtstraum*. Auch ein anderer bekannter Stoff der Weltliteratur dürfte auf das antike Vorbild von Pyramus und Thisbe zurückgehen, nämlich die Liebesgeschichte von *Romeo und Julia*, am bekanntesten in der Version von Shakespeare.
a) Informieren Sie sich in einem Literaturlexikon oder im Internet über den Inhalt des Dramas *Romeo und Julia* von Shakespeare. Nennen Sie Gemeinsamkeiten und Unterschiede gegenüber der antiken Fassung.
b) Überlegen Sie, ob die Geschichte von Pyramus und Thisbe auch für unsere Zeit aktuelle Bedeutung haben kann. Entwerfen Sie dazu eine eigene Version der Geschichte (z.B. als Kurzgeschichte, Hörspiel oder Fotoroman), die sich so auch in Ihrem Alltag abspielen könnte.

T2 Daedalus und Icarus

Daedalus war der Legende nach ein berühmter Baumeister und Künstler aus Athen. Seine Schwester gab ihm ihren Sohn Perdix als Lehrling. Perdix erwies sich bald als noch geschickterer Handwerker als Daedalus. In einem Anfall von Eifersucht tötete Daedalus seinen Neffen und musste deshalb Athen verlassen. Daedalus begab sich daraufhin nach Kreta zum König Minos, dem er das berühmte Labyrinth für den Minotaurus erbaute. Nachdem einige Jahre später der athenische Held Theseus nach Kreta gekommen war, um den Minotaurus zu töten, erhielt er Hilfe durch Daedalus: Der verriet der kretischen Königstochter Ariadne (und damit zugleich Theseus), wie man mit Hilfe eines Fadens dem Labyrinth entkommen könne. Nachdem Minos den Verrat entdeckt hatte, hielt er Daedalus und seinen Sohn Icarus im Labyrinth gefangen. Daedalus ersann einen ebenso genialen wie gefährlichen Plan zur Flucht.

> **Wortfeld** Natur
> āēr, aqua, aura, caelum, īgnis, locus, nātūra, regiō, sōl, terra, unda
> **Wortfeld** Unterweisen und Befehlen
> hortārī, īnstruere, iubēre, monēre, praecipere
> **Grammatik** Subjunktionen
> ut *m. Konj.*, nē *m. Konj.*
> **Konjunktiv im Hauptsatz**
> Deliberativ, Konzessiv

Frederic Lord Leighton: Daedalus und Icarus. Um 1869. The Faringdon Collection.

83 Daedalus interea Creten longumque perosus
   exilium tactusque loci natalis amore
   clausus erat pelago. „Terras licet" inquit „et undas
86 obstruat, at caelum certe patet; ibimus illac.
   Omnia possideat, non possidet aera Minos."
   Dixit et ignotas animum dimittit in artes
89 naturamque novat. Nam ponit in ordine pennas
   a minima coeptas, longam breviore sequenti,
   ut clivo crevisse putes: Sic rustica quondam
92 fistula disparibus paulatim surgit avenis;

183 **Crētēn**: *griech. Akk. zu* **Crētē** *Kreta* **perōsus** *hassend*
184 **nātālis, e** *Geburts-*
185 **pelagus** *Meer* **licet** *m. Konj.* mag (er) auch
186 **obstruere** *versperren* **illāc** ~ illā viā
187 **possideat**: *konzessiver Konj.* **Mīnōs, ōis:** → *EV*
188 **animum dīmittere in** *m. Akk.* seine Aufmerksamkeit richten auf
189 **novāre** neu schaffen
190 **longam** <pennam> **breviōre** <pennā> **sequentī** ~ sequente
191 **clīvus** Hügel **putēs** man hätte glauben können
ut <pennās in> clīvō crēvisse putēs
191/192 **rūstica fistula** Hirtenflöte
192 **dispār, disparis** verschieden lang **avēna** Rohr

43

tum lino medias et ceris alligat imas
atque ita compositas parvo curvamine flectit,
195 ut veras imitetur aves. Puer Icarus una
stabat et, ignarus sua se tractare pericla,
ore renidenti modo, quas vaga moverat aura,
198 captabat plumas, flavam modo pollice ceram
mollibat lusuque suo mirabile patris
impediebat opus. Postquam manus ultima coepto
201 imposita est, geminas opifex libravit in alas
ipse suum corpus motaque pependit in aura.
Instruit et natum „medio"que „ut limite curras,
204 Icare," ait „moneo, ne, si demissior ibis,
unda gravet pennas, si celsior, ignis adurat;
inter utrumque vola. Nec te spectare Booten
207 aut Helicen iubeo strictumque Orionis ensem:
Me duce carpe viam!" Pariter praecepta volandi
tradit et ignotas umeris accommodat alas.

[193] **līnum** Faden **īmus** zu unterst liegend
[193/194] **mediās** <pennās> ... **īmās** <pennās> ... **compositās** <pennās>
[194] **curvāmen, inis** *n* Krümmung
[195] **avis, is** *f* Vogel **ūnā** dabei
[196] **īgnārus**: *m. AcI* **sē sua perīc<u>la tractāre** mit dem spielen, was für ihn gefährlich werden sollte
[197] **renīdēre** glänzen **vagus** umherschweifend
[198] **plūma** Flaumfeder **flāvus** gelb
[199] **mollīre** weich machen **lūsus, ūs** Spiel
[195–200] *Gehen Sie zunächst schrittweise vor:* Puer Īcarus ūnā stābat. Īcarus īgnārus erat sē sua perīcla tractāre. Modo ōre renīdentī plūmās captābat, quās vaga aura mōverat. Modo flāvam cēram pollice mollībat. Īcarus lūsū suō mīrābile opus patris impediēbat.
[200] **coeptum** Vorhaben
[201] **opifex** Künstler, Schöpfer
[201/202] **lībrāre corpus in** *m. Akk.* das Körpergewicht gleichmäßig verteilen auf
[203] **līmēs, itis** *m* Bahn
[204] **dēmissus** niedrig
[205] **grāvāre**: *Verb zu* grāvis
[203–205] *moneo, ut mediō līmite currās, nē ... unda gravet pennās*
[205] **celsus** hoch **adūrere** verbrennen
[206] **Boōtēn**: *griech. Akk. zu* Boōtēs (→ *EV*)
[207] **Helicēn**: *griech. Akk. zu* Helicē (→ *EV*) **stringere** (*PPP* **strictum**) ziehen **Ōrīōn, ōnis** Orion (→ *EV*)
[208] **carpere** zurücklegen
[208/209] **praeceptum trādere** eine Anweisung erteilen
[209] **accomodāre** anpassen

Antonio Canova (1757–1822): Daedalus und Icarus. Marmorskulptur. 1779.

Daedalus und Icarus

10 Inter opus monitusque genae maduere seniles,

et patriae tremuere manus. Dedit oscula nato

non iterum repetenda suo pennisque levatus

13 ante volat comitique timet, velut ales, ab alto

quae teneram prolem produxit in aera nido,

hortaturque sequi damnosasque erudit artes

16 et movet ipse suas et nati respicit alas.

Hos aliquis, tremula dum captat harundine pisces,

aut pastor baculo stivave innixus arator

19 vidit et obstipuit, quique aethera carpere possent,

credidit esse deos. Et iam Iunonia laeva

parte Samos – fuerant Delosque Parosque relictae –,

22 dextra Lebinthos erat fecundaque melle Calymne,

cum puer audaci coepit gaudere volatu

deseruitque ducem caelique cupidine tractus

25 altius egit iter. Rapidi vicinia solis

mollit odoratas, pennarum vincula, ceras;

tabuerant cerae: Nudos quatit ille lacertos,

28 remigioque carens non ullas percipit auras,

oraque caerulea patrium clamantia nomen

excipiuntur aqua, quae nomen traxit ab illo.

31 At pater infelix, nec iam pater, „Icare," dixit,

„Icare," dixit „ubi es? Qua te regione requiram?"

„Icare" dicebat. Pennas aspexit in undis

34 devovitque suas artes corpusque sepulcro

condidit, et tellus a nomine dicta sepulti.

Ovid, Metamorphosen 8,183-235

---

210 monitus, ūs: *Subst. zu* monēre **gena** Wange **madēscere** *(Perf.* maduī) feucht werden **maduēre ~** maduērunt **senīlis, e:** *Adj. zu* senex

211 tremuēre ~ tremuērunt

212 levāre *hier:* in die Höhe heben

213 timēre *m. Dat.* besorgt sein um **āles** *f* Vogel

214 tener, era, erum zart **nīdus** Nest

213/214 *quae teneram prōlem ab altō nīdō in āera prōdūxit*

215 damnōsus Verderben bringend

216 suās <ālās> | respicere *m. Akk.* sich umsehen nach

217 tremulus zitternd **harundō, inis** *f* Angel **piscis, is** Fisch

218 stīva Pflugsterz *(Führungsgriff am Pflug)* (in)nītī | arātor Bauer

219 obstipēscere *(Perf.* obstipuī) erstaunen **aethera carpere** den Weg durch die Luft nehmen

217–220 **Benutzen Sie die Prosaumschrift:** *Hōs aliquis, dum tremulā harundine piscēs captat, aut pāstor baculō innīxus aut arātor stīvā <innīxus> vīdit et obstipuit et crēdidit <eōs> esse deōs, quī aethera carpere possent.*

220 Iūnōnius zur Göttin Iuno gehörig **laevus** links

221/222 Samos, Dēlos, Paros, Lebinthos, Calymnē: *griech. Inseln* (→ EV)

220/221 *Et iam Iūnōnia Samos laevā parte <erat>*

221 fuerant ~ erant

222 fēcundus fruchtbar **mel, mellis** *n* Honig

223 volātus, ūs Flug

225 iter agere den Weg nehmen **rapidus** sengend **vīcīnia** Nachbarschaft

226 odōrātus duftend

227 tābēscere *(Perf.* tābuī) schmelzen **quatere** schütteln **lacertus** Arm

228 rēmigium Ruder **percipere ~** capere

229 ōra: *poet. Pl.* caeruleus blau

229/230 *ōraque patrium nōmen clāmantia caeruleā aquā excipiuntur*

234 dēvovēre *(Perf.* dēvōvī) verwünschen

235 tellūs, ūris *f* Land **sepelīre** *(PPP* sepultum) bestatten

dicta <est>

---

1 Gliedern Sie den Text in seine inhaltlichen Abschnitte. Zitieren Sie die Stellen, an denen Ovid darauf verweist, dass die Handlung auf eine Katastrophe hinausläuft.

2 Ovid bemüht sich immer wieder, die inhaltliche Aussage eines Satzes durch die Anordnung der Wörter zu veranschaulichen bzw. zu unterstreichen. Nennen Sie mögliche Gründe für die ungewöhnliche Wortstellung in v. 187.

3 Wer trägt eigentlich die Schuld an Icarus' Tod? Erörtern Sie diese Frage, indem Sie
a) zunächst Kurzcharakteristiken von Daedalus und Icarus erstellen,
b) prüfen, ob im Verhältnis von Vater und Sohn ein „Generationenkonflikt" vorliegt,
c) analysieren, welchen (positiven oder negativen) Stellenwert Ovid den artes des Daedalus beimisst und welche Haltung Daedalus selber zu seiner eigenen Erfindung einnimmt.

4 In v. 217–220 nimmt Ovid einen Perspektivwechsel vor. Nicht mehr die Perspektive von Daedalus und Icarus prägt den Handlungsablauf, sondern die Sichtweise unbeteiligter Menschen. Überlegen Sie, aus welchen Gründen Ovid diesen „Bildschnitt" eingefügt haben könnte.

Carlos Saraceni: Der Sturz des Icarus. 1606. Neapel, Galleria Nazionale di Capodimonte.

I1 Rezeption
Literarische Themen und Motive aus der Antike haben immer wieder Schriftsteller, Komponisten und bildende Künstler zur Auseinandersetzung in eigenen Werken angeregt. Dieser Prozess der Aufnahme und Verarbeitung von Literatur wird als „Rezeption" (von lat. *recipere*, aufnehmen) bezeichnet. Rezeption umfasst dabei so unterschiedliche Formen wie einfache Nachahmung, produktive Aneignung oder Übersetzung.
Wie kaum ein anderer griechischer Mythos wurde der Flug des Icarus besonders reichhaltig rezipiert. Schon in der römischen Antike finden sich z.B. in den Wandmalereien pompejanischer Villen Abbildungen von Daedalus und Icarus, und auch in der weiteren europäischen Malerei haben sich immer wieder bekannte Künstler wie Tintoretto (16. Jh.), Peter Brueghel d.Ä. (16. Jh.), Peter Paul Rubens (17. Jh.), Pablo Picasso (20 Jh.) oder Wolfgang Mattheuer (20. Jh.) mit diesem Thema befasst. Auch in der Literatur findet man eine breite Beschäftigung mit Daedalus und Icarus. So wird das Thema z.B. als Ausdruck lobenswerten Forscher- und Fortschrittsgeistes verstanden, aber auch als ein warnendes Beispiel für mangelnden Gehorsam und für Übermut.
In Deutschland reicht die Geschichte der Rezeption dieses Mythos bis in das 20. Jh. hinein. Nach dem Ende des 2. Weltkrieges findet man in der Bundesrepublik, vor allem aber in der DDR eine große Anzahl von Rezeptionsdokumenten aus Literatur und bildender Kunst, die sich mit dem Icarus-Mythos beschäftigen. Dabei wurde insbesondere die Person des Icarus in vielfacher Weise gedeutet: Icarus erscheint z.B. als Symbol menschlichen Übermutes, der die Grenzen des Machbaren missachtet, oder er wird interpretiert als ein Vorkämpfer der Freiheit, der gegen Unterdrückung aufbegehrt. Schließlich wurde dieser Mythos auch dafür genutzt, um an der in der DDR herrschenden Situation Kritik zu üben.

Daedalus und Icarus

11 Die Puhdys
Ikarus (1973)

Einem war sein Heim, war sein Haus zu eng,
Sehnte sich in die Welt.
Sah den Himmel an, sah, wie dort ein Schwan hinzog.
Er hieß Ikarus, und er war sehr jung, war voller Ungeduld,
Baute Flügel sich, sprang vom Boden ab und flog und flog.

Refrain: Steige Ikarus, fliege uns voraus!
Steige Ikarus, zeige uns den Weg!

Als sein Vater sprach, „Fliege nicht zu hoch!
Sonne wird dich zerstörn!",
Hat er nur gelacht, hat er laut gelacht und stieg.
Er hat's nicht geschafft, und er ist zerschellt,
Doch der Erste war er.
Viele folgten ihm, darum ist sein Tod ein Sieg, ein Sieg.

Refrain: Steige, Ikarus ...

Einem ist sein Heim, ist sein Haus zu eng,
Er sehnt sich in die Welt.
Sieht den Himmel an, sieht, wie dort ein Schwan sich wiegt
Er heißt Ikarus und ist immer jung, ist voller Ungeduld,
Baut die Flügel sich, springt vom Boden ab und fliegt und fliegt.

Refrain: Steige, Ikarus ...

Wolfgang Tilgner; © by Lied der Zeit GmbH, Hamburg

Die Rockgruppe „Puhdys" gehörte zu den beliebtesten Bands in der DDR. Nach der Wiedervereinigung erfreuen sich die „Puhdys" bundesweit großer Beliebtheit.

1 Fassen Sie den Inhalt des Textes zusammen.

2 Prüfen Sie, welche Motive des bei Ovid wiedergegebenen antiken Mythos verwendet, verändert oder weggelassen wurden.

3 Überlegen Sie, aus welchen Gründen die Rockmusiker der „Puhdys" auf den antiken Mythos zurückgegriffen haben könnten.

4 Wie verarbeitet Mattheuer, ein Künstler aus der DDR, den antiken Mythos? Benennen Sie zunächst Gemeinsamkeiten und Unterschiede zwischen der antiken und modernen Version der Icarus-Geschichte.

5 Geben Sie eine politische Aussage wieder, die in Mattheuers Bild enthalten sein könnte.

Wolfgang Mattheuer (1927–2004): *Der Nachbar, der will fliegen.*

T3 Orpheus und Eurydice

Orpheus ist ein Sänger aus Thrakien, dessen Gesang außerordentliche Wirkung auf Menschen und Tiere hatte: Sein Gesang rührte auch hartherzige Menschen. Bäume und Pflanzen lauschten seiner Musik und er bändigte sogar wilde Tiere. Orpheus gehörte zu den Argonauten, die unter der Führung Jasons das goldene Vlies vom Schwarzen Meer holten.

Wir befinden uns nun auf der Hochzeitsfeier von Orpheus und seiner Frau, der Nymphe Eurydice. Hoher Besuch trifft ein, der Hochzeitsgott Hymenaeus.

Orpheus bei den Thrakern. Griechische Vasenmalerei. Um 450 v. Chr. Berlin, Antikenmuseum.

> **Sachfeld** Tod und Unglück
> anima, cūra, crūdēlis, dolor, fātum, flēre, īnfēlīx, lacrima, metuere, morī, mortālis, occidere, simulācrum, timor, umbra, vāstus
> **Grammatik** Funktionen des Ablativs
> Ablativus absolutus, Ablativ des Grundes, des Mittels, der Trennung und des Vergleichs
> **Grammatik** Präpositionen
> ad, dē, in, inter, per, prō, sub

Inde per inmensum croceo velatus amictu
aethera digreditur Ciconumque Hymenaeus ad oras
3 tendit et Orphea nequiquam voce vocatur.
Adfuit ille quidem, sed nec sollemnia verba
nec laetos vultus nec felix attulit omen.
6 Fax quoque, quam tenuit, lacrimoso stridula fumo
usque fuit nullosque invenit motibus ignes.
Exitus auspicio gravior; nam nupta per herbas
9 dum nova Naiadum turba comitata vagatur,
occidit in talum serpentis dente recepto.
Quam satis ad superas postquam Rhodopeius auras
12 deflevit vates, ne non temptaret et umbras,
ad Styga Taenaria est ausus descendere porta
perque leves populos simulacraque functa sepulcro
15 Persephonen adiit inamoenaque regna tenentem

[1] **croceus** safrangelb **vēlātus** umhüllt **amictus, ūs** Mantel
[2] **dīgredī** sich entfernen **Cicones**, um die Kikonen (→ EV) **Hymenaeus** Hymenaios (→ EV)
[3] <con>tendere | **Orpheūs** hier: Adj. ~ Orpheī **nēquīquam** vergeblich
[6] **lacrimōsus** Tränen erregend **strīdulus** zischend **fūmus** Rauch
[8] **auspicium** (Vor-)Zeichen
[8/9] **nūpta nova** die Neuvermählte
[8] **herba** Rasen
[9] **Nāiadēs, um** f die Najaden (→ EV) **comitāre** begleiten **vagārī** (umher)schweifen
[8/9] *dum nūpta nova Nāiadum turbā comitāta per herbās vagātur*
[10] **tālus** Knöchel **serpēns, ntis** Schlange **dentem recipere** einen Biss erhalten
[11] **quam:** gemeint ist Eurydice **superae aurae** die Lüfte der Oberwelt
[11/12] **Rhodopēius vātēs** der Sänger vom Rhodopegebirge (→ EV)
[12] **nē nōn** damit ja
[13] **Styx, Stygis** f der Styx (→ EV), **Styga:** griech. Akk. **Taenaria porta** das Tor im Tainarongebirge (→ EV)
[14] **sepulcrō fungī** (Perf. fūnctus sum) eine Bestattung erhalten
[15] **Persephonēn:** griech. Akk. zu Persephonē (→ EV) **inamoenus** unangenehm **rēgna:** poet. Pl.

Orpheus und Eurydice

umbrarum dominum pulsisque ad carmina nervis

sic ait: „O positi sub terra numina mundi,

18 in quem reccidimus, quicquid mortale creamur,

si licet et falsi positis ambagibus oris

vera loqui sinitis, non huc, ut opaca viderem

21 Tartara, descendi, nec uti villosa colubris

terna Medusaei vincirem guttura monstri.

Causa viae est coniunx, in quam calcata venenum

24 vipera diffudit crescentesque abstulit annos.

Posse pati volui nec me temptasse negabo:

Vicit Amor. Supera deus hic bene notus in ora est;

27 an sit et hic, dubito. Sed et hic tamen auguror esse,

famaque si veteris non est mentita rapinae,

vos quoque iunxit Amor. Per ego haec loca plena timoris,

30 per Chaos hoc ingens vastique silentia regni,

Eurydices, oro, properata retexite fata.

Omnia debentur vobis, paulumque morati

33 serius aut citius sedem properamus ad unam.

Tendimus huc omnes, haec est domus ultima, vosque

humani generis longissima regna tenetis.

36 Haec quoque, cum iustos matura peregerit annos,

iuris erit vestri; pro munere poscimus usum.

Quodsi fata negant veniam pro coniuge, certum est

39 nolle redire mihi: Leto gaudete duorum."

Talia dicentem nervosque ad verba moventem

exsangues flebant animae; nec Tantalus undam

42 captavit refugam, stupuitque Ixionis orbis,

nec carpsere iecur volucres, urnisque vacarunt

Belides, inque tuo sedisti, Sisyphe, saxo.

---

[16] **nervus** Saite *(der lyra)*

[11–17] **Nehmen Sie den verkürzten Text zu Hilfe:**
Postquam Rhodopēius vātēs eam ad superās aurās satis dēflēvit, ausus est dēscendere ad Styga. Taenaeriā portā ausus est dēscendere ad Styga, nē nōn et umbrās temptāret. Perque levēs populōs et per simulācra fūncta sepulcrō Persephonēn adiit. Et dominum tenentem inamoena rēgna umbrārum adiit. Et postquam nervī ad carmina pulsī sunt, sīc āit: „Ō nūmina mundī, quī sub terrā positus est

[18] **reccidere** zurückfallen **quicquid** alle, die wir **creārī** geboren werden

[19] **positīs ambāgibus** ohne Weitschweifigkeit

[20] **opācus** finster

[21] **Tartara** *n Pl.* der Tartarus (→ *EV*) **ut(ī)** | **villōsus** zottig **colubra** Schlange

[22] **terna** ~ tria **Medūsaeus**: *Adj. zu* Medūsa (→ *EV*) **guttur, uris** *n* Kehle

[23] **calcāre** mit dem Fuß treten

[24] **vīpera** Schlange **diffundere** *(Perf.* diffūdī*)* spritzen

[26] **superā in ōrā** in der Oberwelt

[27] **augurārī** vermuten

[28] **mentītus** erlogen **rapīna** der Raub *(der Proserpina durch Pluto)*

[29] **per** *m. Akk.* bei *(in Schwurformeln)*

[30] **Chaos** *n* Chaos (→ *EV*) **silentia**: *poet. Pl.* <per> silentia

[31] **Eurydicēs**: *griech. Gen.* **properātus** übereilt **retexere** rückgängig machen **fāta**: *poet. Pl.*

[33] **sērius** später **citius** früher

[35] **rēgna**: *poet. Pl.*

[36] **haec**: *gemeint ist Eurydice* **peragere** *(Perf.* perēgī*)* vollenden

[37] **iūris esse** *m. Gen.* zu jds. Rechtsbereich gehören **prō** *m. Abl.* anstelle von

[38] **quodsī** wenn aber **fāta**: *poet. Pl.*

[38/39] *certum mihi est nōlle redīre*

[39] **lētum** Tod

[41] **exsanguis** blutleer **Tantalus**: → *EV*

[42] **refugus** zurückweichend **stupēscere** *(Perf.* stupuī*)* stehen bleiben **Ixīōn, onis** Ixion (→ *EV*) **orbis** *hier:* Rad

[43] **iecur carpere** *(Perf.* carpsī*)* die Leber *(des Tityos;* → *EV)* zerfleischen **volucer, cris** Vogel **urna** Krug **vacāre** *m. Abl.* frei sein von **vacā<vē>runt**

[44] **Bēlidēs** die Beliden (→ *EV*) **Sisyphus**: → *EV*

Mythos und Verwandlung – Ovids Metamorphosen

45 Tunc primum lacrimis victarum carmine fama est

Eumenidum maduisse genas, nec regia coniunx

sustinet oranti nec, qui regit ima, negare,

48 Eurydicenque vocant. Umbras erat illa recentes

inter et incessit passu de vulnere tardo.

Hanc simul et legem Rhodopeius accipit heros,

51 ne flectat retro sua lumina, donec Avernas

exierit valles; aut inrita dona futura.

Carpitur acclivis per muta silentia trames,

54 arduus, obscurus, caligine densus opaca,

nec procul afuerunt telluris margine summae:

Hic, ne deficeret, metuens avidusque videndi

57 flexit amans oculos, et protinus illa relapsa est,

bracchiaque intendens prendique et prendere certans

nil nisi cedentes infelix arripit auras.

60 Iamque iterum moriens non est de coniuge quicquam

questa suo (quid enim nisi se quereretur amatam?)

supremumque „vale," quod iam vix auribus ille

63 acciperet, dixit revolutaque rursus eodem est.

Ovid, Metamorphosen 10,1-63

[46] **Eumenidēs,** um die Eumeniden (→ *EV*) **madēscere** (*Perf.* maduī) feucht werden **gena** Wange

[45/46] Übersetzen Sie zunächst: *fāma est: Tunc prīmum genae Eumenidum carmine victārum lacrimīs maduērunt.*

[47] **quī regit īma** ~ Pluto **īma** *n Pl.* Unterwelt

[48] **Eurydicēn:** *griech. Akk.*

[48/49] *illa inter umbrās recentēs erat*

[49] **dē** *hier:* aufgrund von **tardus** langsam

[50] **hērōs** Held

[51] **dōnec** bis **Avernus** unterweltlich (→ *EV*)

[52] **vallis, is** *f* Tal *aut inrita dōna futūra: indir. Rede* **aut** *hier:* sonst **inritus** vergebens *futūra ⟨esse⟩*

[53] **carpere** *(einen Weg)* zurücklegen **acclīvis, e** ansteigend **mūtus** lautlos **trāmes** *m* Pfad

[54] **arduus** steil **cālīgō, inis** *f* Dunkelheit **dēnsus** *m. Abl.* erfüllt von

[55] **tellūs, ūris** *f* Erde **margō, inis** *f* Rand

[56] **avidus** begierig *hic metuēns, nē ⟨Eurydicē⟩ dēficeret ... videndī ⟨illam⟩*

[57] **relābī** (*Perf.* relāpsus sum) zurücksinken

[58] **bracchia intendere** die Arme ausstrecken **pre⟨he⟩ndere | certāre** sich eifrig bemühen

[59] **nīl nisi** nur **arripere** zu fassen bekommen

[60/61] ⟨Eurydicē⟩ *moriēns dē coniuge suō nōn questa est.*

[61] **nisī** außer **quererētur:** *Potentialis der Verg.*

Übersetzen Sie zunächst:

Quid enim Eurydicē quererētur? Quid enim quererētur nisī sē amātam esse?

[62] **suprēmum** zum letzten Mal

[63] **accipere** *hier:* wahrnehmen **revolvī** (*Perf.* revolūtus sum) zurücksinken **eōdem** an dieselbe Stelle

Das Ende der Geschichte (v. 64–77)

Über den zweifachen Tod seiner Gattin war Orpheus so entsetzt wie der Mann, der voll Grauen die drei Hälse des Höllenhundes – den mittleren in Ketten – erblickte ... Den Bittenden, der vergeblich noch einmal ans andere Ufer wollte, hatte der Fährmann abgewiesen; dennoch saß Orpheus von Trauer entstellt sieben Tage lang am Ufer, ohne Ceres' Gaben zu genießen. Sorge, Seelenschmerz und Tränen waren seine Speise. Er klagt über die Grausamkeit der Götter des Erebus und zieht sich auf die hohe Rhodope und den sturmgepeitschten Haemus zurück.

Ovid, Metamorphosen 10,64–77. Ü: Michael von Albrecht: Ovid. Metamorphosen. Lateinisch/Deutsch, Stuttgart (Reclam) 1994, S. 522-526

Orpheus und Eurydice

> **I2** Gerichtsrede
> Aus folgenden Teilen (partes orationis) setzt sich eine Gerichtsrede zusammen:
> 1. **exordium**: Einführung in den Sachverhalt, Erregung der Neugier und des Wohlwollens der Zuhörer
> 2. **narratio**: Darlegung des Sachverhalts
> 3. **probatio/argumentatio**: Wichtigster Teil mit der Beweisführung, die der Stärkung und Durchsetzung der eigenen Ziele dient
> 4. **peroratio**: Hier kommt es zum Ausbruch und Höhepunkt von Gefühlsäußerungen, wobei sich auch sprachliche und stilistische Mittel am stärksten entfalten.

Orpheusrelief: Hermes Psychopompos, Eurydice und Orpheus. Röm. Kopie nach griech. Original. Neapel, Museo Archeologico Nazionale.

1 Beschreiben Sie das Stimmungsbild, das Ovid von der Hochzeit des Orpheus und der Eurydice zeichnet. Beachten Sie die Reihenfolge der Informationen und prüfen Sie Merkmale der sprachlichen Gestaltung (Satzbau, Wortschatz, Stilmittel). Untersuchen Sie auch, inwieweit die metrische Gestaltung der v. 1–5 die inhaltlichen Aussagen des Textes unterstreicht.

2 Erläutern Sie, welches Bild sich die antiken Menschen von der Existenz nach dem Tod gemacht haben, indem Sie alle Informationen über die Unterwelt zusammenstellen, die Ovid uns in dieser Erzählung gibt. Informieren Sie sich über die im Text genannten Personen Tantalus, Sisyphus, Ixion, die Beliden, die Eumeniden, Persephone und Pluto. Beziehen Sie in Ihre Überlegungen auch die Abb. oben rechts mit ein und informieren Sie sich über die Bedeutung des Begriffs „Psychopompos".

3 Ovid hat der Rede des Orpheus (v. 17–39) innerhalb der gesamten Erzählung eine wichtige Rolle eingeräumt. Wenn man außerdem noch die Verse hinzuaddiert, die die Reaktion der Unterweltbewohner behandeln (v. 40–49), wird deutlich, dass die Rede des Orpheus und ihre Wirkung fast die Hälfte der Erzählung einnehmen. Ovid hat sich bei der Gestaltung dieser Rede an den Abfassungsprinzipien für öffentliche Gerichtsreden orientiert.
a) Gliedern Sie die Rede in die in **I2** genannten Teile einer Gerichtsrede.
b) Stellen Sie die Argumente des Orpheus zusammen. An welchen Stellen appelliert Orpheus an das Gefühl seiner Zuhörer, an welchen argumentiert er eher nüchtern juristisch? Beachten Sie dabei die Wortwahl, die Verwendung von rhetorischen Stilmitteln oder den Verzicht darauf.
c) Erläutern Sie, wie Ovid die Wirkung der Rede auf die Unterweltbewohner darstellt (v. 40–49). Nennen Sie die Gründe dafür, dass Ovid gerade das Verhalten solcher Gestalten wie Tantalus, Sisyphus oder der Eumeniden beschreibt.

4 In v. 53–63 wird der Aufstieg von Orpheus und Eurydice geschildert.
a) Welchen Eindruck erhält man von der Atmosphäre des Aufstiegs?
b) Nennen Sie die sprachlichen Gestaltungsmittel, mit denen Ovid versucht, die Szene, in der sich Orpheus umschaut und Eurydice sofort verliert, möglichst temporeich und dramatisch zu gestalten. Beachten Sie dabei den Satzbau, prüfen Sie, an welcher Stelle Orpheus, an welcher Eurydice das Subjekt ist, und untersuchen Sie den Text auf Stilfiguren und metrische Gestaltung.
c) Erklären Sie, weshalb sich Orpheus nach Eurydice umdreht und die Bedingung der Götter missachtet. Erscheint Ihnen das von Ovid genannte Motiv schlüssig? Berücksichtigen Sie bei Ihren Überlegungen, welche Rolle dieses Motiv für die gesamte Erzählung spielt.

Mythos und Verwandlung – Ovids Metamorphosen

5 Ovid schildert zum Abschluss eindringlich die Reaktion des Orpheus auf den Verlust seiner Frau.
a) Nennen Sie die Unterschiede zwischen Orpheus' Reaktion auf den erneuten Verlust seiner Frau zum Anfang der Erzählung.
b) Stellen Sie mögliche Perspektiven zusammen für Orpheus' weitere Zukunft. Informieren Sie sich in einem Lexikon über das weitere Schicksal des Sängers.

6 Sicherlich ist Ihnen aufgefallen, dass in dieser Erzählung etwas ganz Wesentliches zu fehlen scheint, nämlich die Metamorphose. Nennen Sie die Motive der Geschichte, in denen jedoch eine Metamorphose enthalten sein könnte.

7 Die Geschichte von Orpheus und Eurydice hat bis in unser Jahrhundert hinein Schriftsteller, bildende Künstler, Komponisten und Filmregisseure zu einer intensiven Rezeption angeregt. So wurden zu dieser Geschichte zahlreiche lyrische Gedichte, Romane, Erzählungen, Theaterstücke, immerhin 26 Opern verfasst und mehrere Filme gedreht. Im Folgenden sind aus der großen Menge der Rezeptionsdokumente einige Beispiele ausgewählt, in denen die Geschichte von Orpheus und Eurydice ganz unterschiedlich umgesetzt ist.
a) Prüfen Sie, welche Motive aus dem ovidischen Vorbild in **M2** und **M3** übernommen, welche verändert oder weggelassen wurden.
b) Paraphrasieren Sie die Hauptaussagen der beiden Texte.
c) Welche Szene aus der Geschichte wird auf dem Bild von G. F. Watts dargestellt?

Szenenbild aus Joseph Haydns Oper „Orpheus und Eurydice", Aufführung im Berliner Bode-Museum. 2008. Monica García Albea als Eurydice, Manu Laude als der Tod.

George Frederic Watts: Orpheus und Eurydice. 1872. Compton, Watts Gallery.

Gotthold Ephraim Lessing
Orpheus (1757)

Orpheus, wie man erzählt, stieg, seine Frau zu suchen in die Hölle herab. Und wo anders, als in der Hölle, hätte Orpheus auch seine Frau suchen sollen? Man sagt, er sei singend herabgestiegen. Ich zweifle im geringsten nicht daran; denn solange er Witwer war, konnte er wohl vergnügt sein und singen. Berge, Flüsse, und Steine folgten seinen Harmonien nach; und wenn er auch noch so schlecht gesungen hätte, so wären sie ihm doch nachgefolgt.
Als er ankam und seine Absicht entdeckte, hörten alle Martern auf. Und was könnten für einen so dummen Ehemann wohl noch für Martern übrig sein?
Endlich bewog seine Stimme das taube Reich der Schatten; ob es gleich mehr eine Züchtigung als eine Belohnung war, daß man ihm seine Frau wiedergab.

Szenenbild aus dem Spielfilm „Orfeu Negro". Brasilien, 1959. Der Film verlegt den antiken Mythos in die Straßen und Armenviertel von Rio de Janeiro zu Zeiten des Karnevals.

Ulla Hahn
Verbesserte Auflage (1981)

Nur noch wenige Schritte dann
wird sie ihm wieder gehören hören
beschwören sein Lied das ohne sie
ihm versiegt. Hals Nase Ohren
die Augen die Haare den Mund
und so weiter wie
will er sie preisen allein
zu ihrem ewigen Ruhm.
Als eine Stimme anhebt.
Orpheus hört:
die zum Lauschen Bestellte fällt
singend ihm in den Rücken.

Da
dreht er sich um und
da
gleitet aus seinen verwirrten Händen
die Leier. Die Eurydice aufhebt
und im Hinausgehen schlägt in noch
leise verhaltenen Tönen, Hals Nase Ohren
die Augen die Haare den Mund
und so weiter wie
will sie ihn preisen allein
zu seinem ewigen Ruhm.
Ob Orpheus ihr folgte
lassen die Quellen
im Trüben.

Zit. aus: Bernd Seidensticker/Peter Habermehl (Hrsg.): Unterm Sternbild des Hercules. Antikes in der Lyrik der Gegenwart, Frankfurt a.M. (Insel) 1996, S. 86

T4 Pygmalion

Die folgende Metamorphose spielt auf der Insel Zypern. Ovid erzählt, dass dort die Töchter des Propoetus der Göttin Venus die gebührende Verehrung verweigert hatten. Zur Strafe wurden sie von der Göttin dazu verurteilt, der Prostitution nachzugehen. Schließlich wurden sie in Kieselsteine verwandelt, nachdem sie ihr Schamgefühl völlig verloren hatten. Der Bildhauer Pygmalion fühlte sich von deren Handlungen derartig abgestoßen, dass er mit den Frauen dieser Welt überhaupt nichts mehr zu tun haben wollte. So lebte er schon seit langer Zeit als Junggeselle. Dennoch war er so ganz allein auch nicht glücklich.

> **Wortfeld** Körper und seine Teile
> artus, auris, collum, corpus, fōrma, lūmen, manus, membrum, ōs, pectus
> **Grammatik** Funktionen des Ablativs, Verwendung der Tempora (Präsens, Imperfekt, Perfekt) im Lateinischen

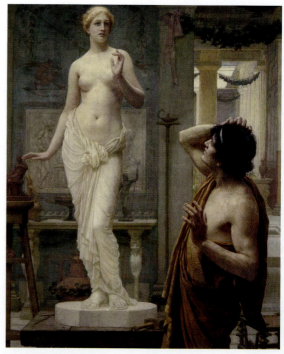

Ernest Normand: Pygmalion und Galatea. 1886. Southport, Atkinson Art Gallery.

247 Interea niveum mira feliciter arte
    sculpsit ebur formamque dedit, qua femina nasci
    nulla potest, operisque sui concepit amorem.
250 Virginis est verae facies, quam vivere credas,
    et, si non obstet reverentia, velle moveri:
    Ars adeo latet arte sua. Miratur et haurit
253 pectore Pygmalion simulati corporis ignes.
    Saepe manus operi temptantes admovet, an sit
    corpus an illud ebur, nec adhuc ebur esse fatetur.
256 Oscula dat reddique putat loquiturque tenetque
    et credit tactis digitos insidere membris
    et metuit, pressos veniat ne livor in artus,
259 et modo blanditias adhibet, modo grata puellis
    munera fert illi conchas teretesque lapillos
    et parvas volucres et flores mille colorum
262 liliaque pictasque pilas et ab arbore lapsas

---

248 **sculpere** *(Perf.* sculpsī*)* schnitzen
249 **amōrem concipere** *(Perf.* concēpī*) m. Gen.* sich verlieben in
251 **reverentia** Schamgefühl **movērī** sich bewegen
et ⟨quam⟩ ... velle movērī ⟨crēdās⟩
252/253 **haurīre īgnēs** *m. Gen.* glühende Liebe empfinden für
253 **simulāre** nachbilden
254 **manūs operī (~ ad opus) admovēre**

257 **insīdere** sich eindrücken
258 **līvor** *m* blauer Fleck **artus, ūs** Gelenk, Glied; *Pl.* Gliedmaßen
259 **blanditiās adhibēre** Schmeicheleien anwenden
260 **concha** Schnecke **teres lapillus** geschliffenes Steinchen
261 **volucris, is** *f* Vogel **flōs, flōris** Blume
262 **līlium**: *vgl. Fw.* **pictae pilae** bemalte Bälle **lābī** *(Perf.* lāpsus sum*)* tropfen

Heliadum lacrimas; ornat quoque vestibus artus,
dat digitis gemmas, dat longa monilia collo,
aure leves bacae, redimicula pectore pendent.
Cuncta decent; nec nuda minus formosa videtur.
Collocat hanc stratis concha Sidonide tinctis
appellatque tori sociam acclinataque colla
mollibus in plumis tamquam sensura reponit.
Festa dies Veneris tota celeberrima Cypro
venerat, et pandis inductae cornibus aurum
conciderant ictae nivea cervice iuvencae,
turaque fumabant, cum munere functus ad aras
constitit et timide „si, di, dare cuncta potestis,
sit coniunx, opto", (non ausus 'eburnea virgo'
dicere) Pygmalion, „similis mea" dixit „eburnae".

Da Venus bei ihrem Fest anwesend war, spürte sie, was Pygmalion mit seinem Wunsch gemeint hatte. Als Zeichen ihrer Zustimmung ließ sie die Flamme dreimal züngelnd in die Luft steigen.

Ut rediit, simulacra suae petit ille puellae
incumbensque toro dedit oscula; visa tepere est.
Admovet os iterum, manibus quoque pectora temptat;
temptatum mollescit ebur positoque rigore
subsidit digitis ceditque, ut Hymettia sole
cera remollescit tractataque pollice multas
flectitur in facies ipsoque fit utilis usu.

---

263 Hēliadēs, um *f* die Heliaden (→ *EV*)

264 gemma Ring monīle, is *n* Halskette

265 bāca Perle redimīculum (Schmuck-)Band
pendēre *hier m. Abl.* herabhängen von

266 decēre gut passen formōsus schön

267 collocāre *m. Abl.* hinlegen auf strātum
Decke conchā Sīdōnide mit der Purpurschne-
cke aus Sidon (Sīdōn: → *EV*)

268 torus Ehebett acclīnāre anlehnen colla:
poet. Pl.

269 plūma Federbett repōnere zurücklegen

270 fēsta diēs Festtag Cyprus *f* Zypern

271 pandus krumm

271/272 inductae cornibus aurum iuvencae
junge Kühe mit goldüberzogenen Hörnern

272 concidere (*Perf.* concidī) zu Boden stürzen
icere (*PPP* ictum) schlagen

273 tūs, tūris *n* Weihrauch fūmāre rauchen
mūnere fungī (*Perf.* functus sum) opfern

275 eburneus: *Adj. zu* ebur

276 eburn<e>us

274–276 Übersetzen Sie zunächst folgende
Teilsätze: *Pygmaliōn timidē dīxit: „Sī, dī,
cūncta dare potestis, (ut) sit mea coniūnx
similis eburnae, optō." Pygmaliōn nōn ausus
est dīcere: „eburnea virgō". Pygmaliōn dīxit:
„Similis mea <coniūnx> eburnae".*

280 rediit <Pygmaliōn> | simulācra: *poet. Pl.*

281 incumbere torō sich aufs Bett legen
tepēre warm sein

283 mollēscere warm werden <dē>positō |
rigor, ōris *m* Starrheit

284 subsīdere nachgeben Hymēttius aus dem
Hymettos (→ *EV*)

285 re-mollēscere | tractāre kneten

286 ipse gerade, eben

283–286 Nutzen Sie die Prosaumschrift: *Ebur
temptātum mollēscit et <de>positō rigōre ebur
subsīdit et digitīs cēdit, ut cēra Hymēttia sōle
remollēscit et cēra tractāta pollice in multās
faciēs flectitur et ipsō ūsū ūtilis fīt.*

Mythos und Verwandlung – Ovids Metamorphosen

Dum stupet et dubie gaudet fallique veretur,
rursus amans rursusque manu sua vota retractat.
289 Corpus erat! Saliunt temptatae pollice venae.
Tum vero Paphius plenissima concipit heros
verba, quibus Veneri grates agat, oraque tandem
292 ore suo non falsa premit, dataque oscula virgo
sensit et erubuit timidumque ad lumina lumen
attollens pariter cum caelo vidit amantem.

287 stupēre staunen dubiē zweifelnd
288 sua vōta retractāre den Gegenstand seiner Wünsche wieder betasten
289 salīre pochen vēna Ader
290 Paphius hērōs der Held aus Paphos (→ EV): Pygmaliōn plēnus hier: reichlich
290/291 concipere verba Worte fassen
291 grātēs agere danken ōra(que): poet. Pl.
293 ērubēscere (Perf. ērubuī) erröten timidus hier: schüchtern
293/294 lūmen attollere die Augen erheben

Aus dieser von der Göttin Venus gestifteten Ehe geht nach neun Monaten das Mädchen Paphos hervor. Nach der Tochter des Pygmalion soll die zyprische Stadt Paphos benannt worden sein, in der sich ein berühmtes Aphrodite-Heiligtum befand.

Ovid, Metamorphosen 10,247-294

Giulio Bargellini: Pygmalion. 1896. Rom, Galleria Nazionale d'Arte Moderna.

1 Nennen Sie die Gründe, die Pygmalion zur Erschaffung der Statue bewegen.

2 Beschreiben Sie das Verhalten des Pygmalion gegenüber der Statue.

3 Das Venus-Fest gibt Pygmalion die Chance, die Göttin der Liebe um eine Frau zu bitten. Wie bewegt er die Göttin dazu, ihm zu helfen?

4 Sie haben bereits einige Metamorphosen kennengelernt. Stellen Sie die Unterschiede zusammen zwischen der hier beschriebenen und denen, die Ihnen schon bekannt sind.

5 Betrachten Sie noch einmal den Satz *ars adeo latet arte sua* (v. 252).
a) Erklären Sie, wie Pygmalions Kunstfertigkeit durch diesen Satz charakterisiert wird.
b) Vergleichen Sie die angeführten verschiedenen Übersetzungen mit dem lateinischen Satz:

„So war die Kunst umhüllet mit Kunst!"
Johann Heinrich Voß, 1798

„So verbarg sein Können die Kunst."
Erich Rösch: Ovid. Metamorphosen, München (Heimeran) 1979, S. 371

„Dass es nur Kunst war, verdeckte die Kunst."
Hermann Breitenbach: Ovid. Metamorphosen. Verwandlungen, Zürich (DTV/Artemis) 1958, S. 115

„So vollkommen verbirgt sich im Kunstwerk die Kunst!" Michael von Albrecht: Ovid. Metamorphosen. Lateinisch/Deutsch, Stuttgart (Reclam) 1994, S. 539

„So sehr verbarg seine Kunst alles Künstliche."
Gerhard Fink: Ovid. Metamorphosen. Das Buch der Mythen und Verwandlungen, München (Artemis & Winkler) 1989, S. 243f.

c) Nennen Sie die Version, die Ihnen am besten die sprachliche Form und die inhaltliche Aussage des lateinischen Satzes zu treffen scheint. Formulieren Sie eine eigene, eine „optimale" Übersetzung.

d) Setzen Sie sich in Gruppen damit auseinander, was in dem Mythos über Kunst ausgesagt wird, und stellen Sie die Ihrer Meinung nach zentrale Problematik der Klasse vor.

6 Informieren Sie sich über die Handlung des Musicals *My fair Lady* und vergleichen Sie sie mit der Geschichte Ovids.

I3 Rezeption
Die Geschichte des Bildhauers Pygmalion gehört zu den bekanntesten Stoffen aus den Metamorphosen Ovids. Sie hat bis in das 20. Jh. hinein immer wieder Eingang in Literatur und bildende Kunst gefunden. Nicht nur Schriftsteller wie Johann Wolfgang von Goethe (1749–1832), Gottfried Keller (1819–1890) oder George Bernhard Shaw (1856–1950) haben sich mit dieser Geschichte beschäftigt, sondern auch bildende Künstler wie Auguste Rodin (1840–1917) oder Paul Delvaux (1897–1994). Am bekanntesten ist die Bearbeitung des Stoffes durch George Bernhard Shaw in seiner Komödie *Pygmalion*, die vor allem durch Frederick Loewes (1901–1988) Musicalfassung *My Fair Lady* weltweit einem breiten Publikum aus Theater, Film und Fernsehen bekannt ist.

Szenenbilder aus der Verfilmung des Musicals „My Fair Lady". USA, 1963. Mit Rex Harrison als Prof. Higgins und Audrey Hepburn als Eliza Doolittle.

Mythos und Verwandlung – Ovids Metamorphosen

Paul Delvaux: Pygmalion. 1939. Brüssel, Musées d'Arts et d'Histoire.

1 Der belgische Maler und Graphiker Paul Delvaux (1897–1994) war einer der bedeutendsten Verteter des Surrealismus. In seinem Bild *Pygmalion* (1939) hat er sich mit dem antiken Mythos beschäftigt.
a) Informieren Sie sich über die Merkmale des Surrealismus und das Schaffen von Delvaux.

b) Vergleichen Sie das Bild von Delvaux mit dem Text von Ovid. Erläutern Sie, wie Delvaux den antiken Mythos verarbeitet hat. Benennen Sie Gemeinsamkeiten und Unterschiede zwischen dem antiken und dem modernen Pygmalion. Konzentrieren Sie sich auf die Hauptpersonen der Geschichte.

Johann Wolfgang von Goethe
Pygmalion – eine Romanze (1765)

Es war einmal ein Hagenstolz,
Der hieß Pygmalion;
Er machte manches Bild von Holz
Von Marmor und von Tohn.

Und dieses war sein Zeitvertreib,
Und alle seine Lust.
Kein junges schönes sanftes Weib
Erwärmte seine Brust.

Denn er war klug und furchte sehr
Der Hörner schwer Gewicht;
Denn schon seit vielen Jahren her
Traut man den Weibern nicht.

Doch es sey einer noch so wild,
Gern wird er Mädgen sehn.
Drum macht' er sich gar manches Bild
Von Mädgen jung und schön.

Einst hatt' er sich ein Bild gemacht,
Es staunte, wer es sah;
Es stand in aller Schönheit Pracht
Ein junges Mädgen da.

Sie schien belebt, und weich, und warm,
War nur von kaltem Stein;
Die hohe Brust, der weisse Arm
Lud zur Umarmung ein.

Das Auge war empor gewandt,
Halb auf zum Kuß der Mund.
Er sah das Werk von seiner Hand,
Und Amor schoß ihn wund.

Er war von Liebe ganz erfüllt,
Und was die Liebe thut.
Er geht, umarmt das kalte Bild,
Umarmet es mit Glut.

Da trat ein guter Freund herein,
Und sah dem Narren zu,
Sprach: Du umarmest harten Stein,
O welch ein Thor bist du!

Ich kauft' ein schönes Mädgen mir,
Willst du, ich geb' dir sie?
Und sie gefällt gewislich dir
Weit besser, als wie die.

Sag' ob du es zufrieden bist –
Er sah es nun wohl ein,
Ein Mädgen, das lebendig ist,
Sey besser als von Stein.

Er spricht zu seinem Freunde, ja.
Der geht und holt sie her.
Er glühte schon eh er sie sah,
Jetzt glüht er zweymal mehr.

Er athmet tief, sein Herze schlug,
Er eilt, und ohne Trau
Nimmt er – Man ist nicht immer klug,
Nimmt er sie sich zur Frau.

Flieht Freunde ja die Liebe nicht,
Denn niemand flieht ihr Reich:
Und wenn euch Amor einmal kriegt,
Dann ist es aus mit euch.

Wer wild ist, alle Mädgen flieht,
Sich unempfindlich glaubt,
Dem ist, wenn er ein Mädgen sieht,
Das Herze gleich geraubt.

Drum seht oft Mädgen, küsset sie,
Und liebt sie auch wohl gar,
Gewöhnt euch dran, und werdet nie
Ein Thor, wie jener war.

Nun, lieben Freunde, merkt euch diß,
Und folget mir genau;
Sonst straft euch Amor ganz gewiß.
Und giebt euch eine Frau.

2 Vergleichen Sie das Gedicht Goethes (**M4**) mit der Metamorphose Ovids. Legen Sie dar, wie Goethe Handlung und Textaussage gegenüber dem ovidischen Vorbild ergänzt bzw. verändert.

Kommunikation im Brief – Cicero und Plinius

Das pulsierende Zentrum Roms: der Kapitolshügel mit dem Tempel des Iuppiter Optimus Maximus. Rekonstruktionsmodell.

„Ibam forte via sacra, sicut meus est mos" („Ich ging zufällig auf der Via Sacra, wie es meine Gewohnheit ist") – so beginnt eine berühmte Satire des Horaz (65–8 v. Chr.). In ihr schildert Horaz mit einer gehörigen Portion Selbstironie seine unerfreuliche Begegnung mit einem aufdringlichen Menschen, der vom Dichter in den erlauchten Kreis seines Gönners Mäcenas eingeführt werden will. Mit dem zitierten ersten Vers der Satire wird der Leser in eine Situation mit hineingenommen, die er in der römischen Literatur vergleichsweise selten vorfindet: das unspektakuläre, alltägliche, „normale" Leben.

Nun ist Horaz – als Dichter – kein typischer Vertreter der stadtrömischen Bevölkerung und der Text ist natürlich satirisch überformt und stilisiert; dennoch kann man in dieser Satire ebenso wie in den folgenden Brieftexten vieles finden, was Rückschlüsse auf den Alltag eines Angehörigen der römischen Oberschicht zulässt. Dazu gehörten der tägliche Gang zum Forum, Besuche bei Bekannten sowie die Teilnahme an Gerichtsverhandlungen. Aber auch der Besuch der Thermen oder der Spiele war für einen Römer eine Selbstverständlichkeit. Die Teilnahme an Gastmählern bei Bekannten oder auch im eigenen Haus war eher die Regel als die Ausnahme, wie zahlreiche Epigramme Martials zeigen.

Selbstverständlich kann man zu diesem Thema keine allgemein gültigen Aussagen machen, da die Gewohnheiten individuell verschieden waren und sich auch im Laufe der Zeit wandelten. Außerdem muss man bedenken, dass die literarischen Zeugnisse, die uns heute vorliegen, ausschließlich von Angehörigen der Oberschicht, ja von Intellektuellen, stammen. Der Alltag der einfachen Leute war von Arbeit und Geldverdienen bestimmt und bot wenig Abwechslung. Auch gab es naturgemäß große Unterschiede zwischen dem Leben in der Stadt und auf dem Land. Die folgenden Texte können daher nur versuchen, einige repräsentative Aspekte des täglichen Lebens schlaglichtartig zu beleuchten.

Briefliteratur – Briefe oder Literatur?
Die Texte der folgenden Lektüreeinheit gehören zur Briefliteratur. In der Antike wurde der Brief als eigene Gattung betrachtet.

Es gab zwar keine verbindlichen Regeln für die Abfassung eines Briefs, dennoch lassen sich einige Grundzüge dieser Gattung erkennen, wie z.B. das

Vorhandensein einer Gesprächssituation, Kürze, übersichtlicher Aufbau sowie der sog. mittlere Stil, was vor allem die Vermeidung von schwülstigem Satzbau und zu vielen Stilfiguren bedeutet.

Grundsätzlich kann man zwei Arten von Briefen unterscheiden: Einerseits echte Briefe, d.h. solche, die tatsächlich vom Absender an den genannten Empfänger gesandt wurden; andererseits sog. Kunstbriefe, die nur die Briefform haben, weil diese für die Vermittlung bestimmter Inhalte – z.B. popularphilosophischer Gedanken – geeignet schien. Kunstbriefe haben keinen real existierenden Empfänger, sondern wurden wie andere literarische Werke veröffentlicht. In vielen Fällen ist nicht leicht zu entscheiden, ob ein Kunstbrief vorliegt oder nicht; bei Senecas *Epistulae morales* beispielsweise sind sich die Literaturwissenschaftler in dieser Frage nicht einig.

Sofern es sich um echte Briefe handelt, muss man unterscheiden zwischen rein privaten Briefen, die ohne die Absicht einer Veröffentlichung geschrieben wurden (oft bei Cicero), und solchen, die zur Veröffentlichung bestimmt waren und stilistisch entsprechend ausgefeilt sind. Ein Beispiel hierfür ist das Briefcorpus des Plinius, der den Privatbrief als Gattung etablierte und selbst der Herausgeber seiner Briefe war.

Dem umfangreichen Briefcorpus **Ciceros** (→ EV) verdanken wir viele Informationen über sein Leben, Wirken und Denken, aber auch über politische und gesellschaftliche Vorgänge in Rom. Es besteht aus 16 Büchern von Briefen an Atticus (*Epistulae ad Atticum*), drei Büchern an Ciceros Bruder Quintus (*Epistulae ad Quintum fratrem*), 16 Büchern an seine Familienangehörigen (*Epistulae ad familiares*) sowie einem Buch an M. Brutus (*Epistulae ad M. Brutum*) und wurde in großen Teilen nach seinem Tod von Ciceros Sekretär Tiro veröffentlicht. Die Briefe weisen im Charakter eine große Bandbreite auf: Vor allem die *Epistulae ad familiares* und *ad Quintum fratrem* sind überwiegend informelle, private Äußerungen und nicht für eine breitere Öffentlichkeit verfasst. Sie wirken sehr ursprünglich und sind von einem natürlichen Ton gekennzeichnet. Demgegenüber gibt es aber auch Briefe mit dem Charakter offizieller Schreiben, die sich im Stil der Rede oder der Abhandlung nähern.

Seneca (→ EV), der einer wohlhabenden Familie aus dem Ritterstand Cordubas (in Spanien) entstammte, den Großteil seines Lebens aber in Rom verbrachte, hat uns nicht nur ein umfangreiches philosophisches Werk hinterlassen, sondern zählte in seiner Zeit auch zu den führenden Politikern Roms. Im Jahr 49 n. Chr. wurde er zum Erzieher Neros, des zukünftigen Kaisers, bestellt. In den ersten Regierungsjahren Neros fungierte er als dessen politischer Berater und übte einen mäßigenden Einfluss auf den jungen Kaiser aus. Er spielte in dieser Zeit eine maßgebende Rolle im Staat und gelangte zu großem Reichtum. Doch in seiner politischen Laufbahn erlitt er auch Rückschläge: 41 wurde er von Kaiser Claudius wegen angeblichen Ehebruchs mit Caligulas Schwester nach Korsika verbannt. Als Kaiserberater wurde er später dem immer unberechenbarer werdenden Nero lästig und zog sich aus der Politik zurück.

Bis zu seinem von Nero erzwungenen Suizid im Jahr 65 widmete er sich dann ganz der philosophischen Schriftstellerei.

In seinen Schriften geht es ihm weniger um theoretische Philosophie als um die Erziehung zu stoischer Standhaftigkeit. Vor allem in den *Epistulae morales*, 124 ethischen Briefen, versucht Seneca, seine ethische Grundhaltung zu veranschaulichen bzw. seinen (fiktiven?) Briefpartner Lucilius davon zu überzeugen: Entscheidend ist es, die eigene Person unabhängig von allen äußeren Einflüssen wie Macht, Reichtum, Krankheit, Tod oder Schicksal zu machen – so die Grundposition des überzeugten Stoikers Seneca.

Plinius (→ EV), der als Sohn wohlhabender Eltern in Comum (Norditalien) geboren wurde und nach dem frühen Tod des Vaters in der Obhut seines Onkels, C. Plinius Secundus des Älteren, aufwuchs, erhielt eine gründliche rhetorische Ausbildung in Rom. Trotz des stattlichen Vermögens, das er durch den Tod seines Onkels beim Vesuvausbruch 79 n. Chr. erbte, schlug er die politische Laufbahn ein und war auf diesem Gebiet äußerst erfolgreich. Einem Aufenthalt als Militärtribun in Syrien (ca. 82) folgten im Jahre 90 die Quästur und die Aufnahme in den Senat, 92 das Volkstribunat, 93 die Prätur und 100 das Konsulat, um nur die wichtigsten seiner Ämter zu nennen.

Kommunikation im Brief – Cicero und Plinius

Bemerkenswert ist die Tatsache, dass Plinius' Karriere sowohl unter Kaiser Domitian, dessen zunehmend despotische Herrschaft Plinius verabscheute, als auch unter dessen Nachfolgern Nerva und Trajan stetig voranschritt, was auf seine herausragenden fachlichen Qualitäten schließen lässt. Als besonderer Vertrauensbeweis Trajans kann auch gewertet werden, dass er Plinius im Jahr 109 als Statthalter nach Bithynien in Kleinasien – eine sehr schwer zu verwaltende Provinz – schickte, wo er etwa drei Jahre später starb.

Erhalten ist neben dem *Panegyricus*, einer Lobrede auf Trajan, ein Corpus von über 350 Briefen, von denen 247 (Bücher 1–9) kunstvoll geformte Briefe an Freunde und Familienangehörige sind und 121 Schreiben (Buch 10) einen Briefwechsel mit Kaiser Trajan darstellen. Erstere hat Plinius selbst herausgegeben, das letzte Buch war eigentlich nicht zur Veröffentlichung bestimmt, wurde aber posthum publiziert. Plinius' Briefe bestechen durch ihre inhaltliche Vielfalt, die einen lebendigen Einblick gewährt in das private und öffentliche Leben der römischen Oberschicht in der Kaiserzeit, durch ihre ethisch-moralische Grundhaltung und ihre feine stilistische Ausgestaltung. Plinius gilt als Begründer der literarischen Kunstform Brief.

Stadt und Land

Sachfeld Arbeit und Muße
diēs, negōtium, studium, agere, cēnāre
Sachfeld Körper und Geist
animus, corpus, mēns, cōgitāre, exercēre, legere, scrībere
Grammatik Temporalsätze, Konditionalsätze, Akkusativ des Ausrufs, Partizipialkonstruktionen
Stilmittel Antithese, Asyndeton, Parallelismus, Chiasmus, Anapher

T1 Otium atque negotium

C. Plinius Minicio Fundano suo s.

Mirum est, quam singulis diebus in urbe ratio aut constet aut constare

3 videatur, pluribus iunctisque non constet.

Nam si quem interroges „Hodie quid egisti?", respondeat: „Officio

togae virilis interfui, sponsalia aut nuptias frequentavi, ille me ad

6 signandum testamentum, ille in advocationem, ille in consilium

rogavit." Haec quo die feceris, necessaria, eadem, si cottidie fecisse te

reputes, inania videntur, multo magis, cum secesseris. Tunc enim

9 subit recordatio: „Quot dies quam frigidis rebus absumpsi!"

Quod evenit mihi, postquam in Laurentino meo aut lego aliquid aut

---

[1] **Minicius Fundānus:** → *EV*
[2] **ratiō cōnstat** die Rechnung geht auf
[4] **officium** *hier:* offizielle Zeremonie
[5] **toga virīlis** Männertoga **spōnsālia** *n Pl.* Verlobung **frequentāre** besuchen
[6] **sīgnāre** unterzeichnen **advocātiō, ōnis** Beistand vor Gericht
[8] **reputāre** bedenken **sēcēdere** *(Perf. secessī)* sich (aufs Land) zurückziehen
[9] **recordātiō subit** die Erinnerung kommt auf **rēs frīgidae** unwichtige Dinge **absūmere** *(Perf. absūmpsī)* verbringen
[10] **postquam** *hier:* seit **Laurentīnum:** *Landgut des Plinius*

scribo aut etiam corpori vaco, cuius fulturis animus sustinetur. Nihil audio, quod audisse, nihil dico, quod dixisse paeniteat; nemo apud me quemquam sinistris sermonibus carpit, neminem ipse reprehendo, nisi tamen me, cum parum commode scribo; nulla spe, nullo timore sollicitor, nullis rumoribus inquietor: Mecum tantum et cum libellis loquor.

O rectam sinceramque vitam! O dulce otium honestumque ac paene omni negotio pulchrius! O mare, o litus, verum secretumque „museion", quam multa invenitis, quam multa dictatis! Proinde tu quoque strepitum istum inanemque discursum et ineptos labores, ut primum fuerit occasio, relinque teque studiis vel otio trade! Satius est enim, ut Atilius noster eruditissime simul et facetissime dixit, otiosum esse quam nihil agere. Vale!

Plinius, Epistulae 1,9

[11] **vacāre** *m. Dat.* Zeit haben für **fultūra** Stärkung **sustinēre** *hier:* fördern
[12] **paenitet** es reut
[13] **carpere:** *vgl. Aufg. 5*
[15] **inquiētāre** beunruhigen
[17] **sincērus** unverdorben
[18] **sēcrētus** abgeschieden
[18/19] **mūseion** *n* Musenheiligtum
[20] **strepitus, ūs** *m* Lärm **discursus, ūs** Geschäftigkeit **ineptus** albern **ut prīmum** sobald
[21] **satius est** es ist besser
[22] **Atīlius:** → *EV* **facētus** witzig **ōtiōsus** frei von Pflichten

1 Versuchen Sie den gedanklichen Aufbau des Briefs zu beschreiben. Die Absätze im Text können Ihnen dabei helfen.

2 Suchen Sie aus dem Text die Tätigkeiten und Ereignisse heraus, die offenbar zum Tagesablauf eines römischen Senators gehörten. Wie bewertet Plinius sie?

3 Beschreiben Sie Plinius' Leben auf seinem Landgut. Wie bewertet er dieses Leben?

4 Woran wird deutlich, dass es sich bei diesem Brief nicht um einen reinen Privatbrief handelt, sondern dass Plinius seine Veröffentlichung geplant hat?

5 Ermitteln Sie ausgehend von den gelernten (Grund-)Bedeutungen, wie **carpere** (Z. 13) im Kontext dieses Briefes sinnvoll wiederzugeben ist.

6 Beurteilen Sie, inwieweit das in **T1** geschilderte Landleben typisch für die römische Antike ist. Beziehen Sie dabei die Abbildung und die Bildunterschrift mit ein.

Römischer Bauernkalender. Auf jeder der vier Seiten finden sich drei Monate mit den Sternzeichen sowie der Anzahl der Tage, der Tag- und Nachtstunden und der zu verrichtenden landwirtschaftlichen Tätigkeiten. 1. Jh. n. Chr. Gipsabguss, Rom, Museo della Civiltà Romana.

Kommunikation im Brief – Cicero und Plinius

T2 Sommer auf dem Land

C. Plinius Fusco suo s.

Quaeris, quemadmodum in Tuscis diem aestate disponam. Evigilo,

3 cum libuit, plerumque circa horam primam, saepe ante, tardius raro.
Clausae fenestrae manent; mire enim silentio et tenebris ab iis, quae
avocant, abductus et liber et mihi relictus non oculos animo, sed

6 animum oculis sequor, qui eadem quae mens vident, quotiens non
vident alia. Cogito, si quid in manibus, cogito ad verbum scribenti
emendantique similis nunc pauciora, nunc plura, ut vel difficile vel

9 facile componi tenerive potuerunt. Notarium voco et die admisso,
quae formaveram, dicto; abit rursusque revocatur rursusque dimitti-
tur.

12 Ubi hora quarta vel quinta (neque enim certum dimensumque
tempus), ut dies suasit, in xystum me vel cryptoporticum confero,
reliqua meditor et dicto. Vehiculum ascendo. Ibi quoque idem quod

15 ambulans aut iacens; durat intentio mutatione ipsa refecta.
Paulum redormio, dein ambulo, mox orationem Graecam Latinamve
clare et intente non tam vocis causa quam stomachi lego; pariter

18 tamen et illa firmatur. Iterum ambulo, ungor, exerceor, lavor.
Cenanti mihi, si cum uxore vel paucis, liber legitur; post cenam
comoedia aut lyristes; mox cum meis ambulo, quorum in numero

21 sunt eruditi. Ita variis sermonibus vespera extenditur, et quamquam
longissimus dies cito conditur.

Nonnumquam ex hoc ordine aliqua mutantur; nam, si diu iacui vel

24 ambulavi, post somnum demum lectionemque non vehiculo, sed,
quod brevius, quia velocius, equo gestor. Interveniunt amici ex
proximis oppidis partemque diei ad se trahunt interdumque lasso

---

[1] **Fuscus:** → *EV*

[2] **in Tuscīs** in Etrurien (auf meinem Landgut) **dispōnere** einteilen **ēvigilāre** aufwachen

[3] **circā** *m. Akk.* um … herum **tardus** spät

[4] **fenestra** Fenster

[5] **āvocāre** ablenken

[7] **ad verbum** Wort für Wort

[8] **ēmendāre** verbessern **ut** *hier:* je nachdem, wie

[9] **notārius** Sekretär **diem admittere** das Tageslicht hereinlassen

[10] **fōrmāre** formulieren

[12] **quīntus** fünfter **dīmēnsus** abgemessen

[13] **xystus** Terrasse **sē cōnferre in** *m. Akk.* sich begeben zu **cryptoporticus** überdachter Säulengang

[14] **meditārī** *m. Akk.* nachdenken über **ascendere** besteigen

[15] **ambulāre** spazieren gehen

[14/15] *Ibī quoque idem <faciō,> quod ambulāns aut iacēns <fēcī>.*

[15] **dūrāre** andauern **intentiō** *f* Konzentration **mūtātiō, ōnis** *f hier:* Ortswechsel **reficere** *(PPP refectum)* beleben

[16] **redormīre** wieder schlafen

[17] **clārus** *hier:* laut **intentus** konzentriert **stomachus** Magen

[18] **firmāre** kräftigen **ungere** salben **lavārī** baden

[20] **cōmoedia** Lustspiel **lyristēs** Leierspieler

[21] **vespera** Abend **extendere** verlängern

[22] **citō** schnell **condī** *hier:* zu Ende gehen

[23] **nōnnumquam** bisweilen

[24] **lēctiō, ōnis** Lesung

[25] **gestāre** tragen **intervenīre** überraschend kommen

[26] **lassus** müde

mihi opportuna interpellatione subveniunt. Venor aliquando, sed non sine pugillaribus, ut, quamvis nihil ceperim, non nihil referam. Datur et colonis, ut videtur ipsis, non satis temporis, quorum mihi agrestes querelae litteras nostras et haec urbana opera commendant. Vale!

Plinius, Epistulae 9,36

27 interpellātiō, ōnis *f* Unterbrechung subvenīre zu Hilfe kommen vēnārī jagen
28 pugillārēs, ium *Pl.* Schreibtafel
29 colōnus Pächter agrestis, e bäuerlich
30 querēla Klage urbānus: *Adj. zu* urbs commendāre angenehm machen

1 Beschreiben Sie den (üblichen) Tagesablauf des jüngeren Plinius auf dem Land.

2 Zeigen Sie die Unterschiede zwischen den in **T1** und **T2** betrachteten Tagesabläufen und denen moderner Menschen (in gehobener Position) auf.

3 Welchen Schluss auf das Leben der römischen Oberschicht lässt das folgende Martial-Epigramm (**M1**) zu? Nähere Informationen zum Dichter Martial finden Sie in **I1**.

4 Wie viele vornehme Römer war auch Plinius Anwalt und Politiker, allerdings ehrenamtlich (vgl. dazu **I2**). Diskutieren Sie in der Gruppe, ob das Ehrenamt für Politiker in unserer Zeit eine sinnvolle Alternative wäre, und präsentieren Sie Ihre Ergebnisse vor der Klasse.

M1 Martial 5,47

Numquam se cenasse domi Philo iurat, et hoc est:
    Non cenat, quotiens nemo vocavit eum.

1 Philō: *wohl fiktiver Name*
2 vocāre *hier:* einladen

I1 Marcus Valerius Martialis (ca. 40–100 n. Chr.), der in Bilbilis (Spanien) geboren wurde, kam um 64 nach Rom, wo er sich ganz dem Schreiben von Epigrammen (kurze, pointierte Gedichte, in denen er ein lebhaftes Bild des römischen Lebens zeichnete und verbreitete Laster, z. B. Erbschleicherei oder Geiz, schonungslos offenbarte) widmete. Da er nicht aus einer reichen Familie stammte, war er zeitlebens auf die Unterstützung von Gönnern, wie z. B. von Seneca oder den Kaisern Titus und Domitian, angewiesen, was ihn zwar (vorübergehend) zu einem wohlhabenden Mann machte, ihm aber auch seine Unabhängigkeit nahm: Loblieder auf den keineswegs unumstrittenen Kaiser Domitian waren der Preis dafür. Dessen Nachfolger Nerva und Trajan waren an Martials Dichtung nicht mehr interessiert, und so beschloss er um 100, wieder in seine Heimat Spanien zurückzukehren, was ihm auch nur durch die finanzielle Unterstützung von Freunden möglich war. Dort starb er bald nach seiner Rückkehr.

Juan Cruz Melero (1910–1986): Martial, Bronzebüste.

Kommunikation im Brief – Cicero und Plinius

I2 **Einkommen und Lebensunterhalt**
Der größte Teil der römischen Bevölkerung sicherte sich seinen Lebensunterhalt durch Lohnarbeit, sei es im Handwerk, in der Landwirtschaft oder im Dienstleistungswesen. In der aristokratischen Oberschicht allerdings, zu der auch Plinius und Seneca gehörten, galt diese als unwürdig, da man sich dadurch in Abhängigkeit eines anderen befand. Die ökonomische Basis der adeligen Führungsschicht war jahrhundertelang der (Groß-)Grundbesitz gewesen, dessen Verwaltung und Beaufsichtigung als die eines Mannes von Rang würdige Arbeit galt, sowie das Kapitalvermögen. Daher war es auch möglich, politische Ämter oder juristische Tätigkeit ehrenamtlich auszuüben.

Dreschen des Getreides mit Pferden und Rindern. Mosaik aus der Küstenvilla von Dar Buc Ammera bei Zliten (Libyen). Tripolis, Archäologisches Museum.

M2 Martial 3,38

Quae te causa trahit vel quae fiducia Romam,
    Sexte? Quid aut speras aut petis inde? Refer!
3 „Causas", inquis, „agam Cicerone disertior ipso
    atque erit in triplici par mihi nemo foro."
Egit Atestinus causas et Civis – utrumque
6   noras; sed neutri pensio tota fuit.
„Si nihil hinc veniet, pangentur carmina nobis:
    Audiveris, dices esse Maronis opus."
9 Insanis: Omnes, gelidis quicumque lacernis
    sunt ibi, Nasones Vergiliosque vides.
„Atria magna colam." Vix tres aut quattuor ista
12   res aluit, pallet cetera turba fame.
„Quid faciam? Suade: Nam certum est vivere Romae."
    Si bonus es, casu vivere, Sexte, potes.

„Sextus, was zieht dich nach Rom? Was hoffst du dort zu erreichen? Sage mir, was schwebt dir vor? Sage mir, was du bezweckst." – „Anwalt werde ich sein, beredter als Cicero selber, und in keiner der drei Kammern käm' einer mir gleich." – „Civis und Atestinus – du kennst sie beide – plädierten, aber keiner hat sich damit die Miete verdient." – „Bringt mir dieses nichts ein, so werde Gedichte ich schreiben, höre sie an, und du sagst: ‚Das ist ein Werk von Vergil.'" – „Bist du verrückt? Überall siehst du frösteln in schäbigen Mänteln Dichter in Rom, die so gut sind wie Vergil und Ovid." – „Dann hofier' ich die Reichen." – „Auch das ernährt nur ganz wen'ge, während die übrige Schar bleich und verhungert man sieht." – „Rate mir, was soll ich tun? Ich beschloss es: in Rom will ich leben." – „Wenn du ein Ehrenmann bist, lebst du durch Zufall vielleicht."

Martial: Epigramme, ausgewählt, übersetzt und erläutert von Harry C. Schnur, Stuttgart (Reclam) 1966, S. 41 f.

3 So reich muss man sein ...

Anlässlich des Wegzugs eines alten Freundes schreibt der Satirendichter Juvenal (ca. 55–130 n. Chr.) über die negativen Seiten der Großstadt Rom: Ich würde selbst Prochyta[1] der Subura[2] vorziehen. Denn welcher Ort ist so elend, so einsam, dass nicht schlimmer wäre die ständige Angst vor Bränden, vor dauerndem Einsturz von Häusern, vor den tausend Gefahren der grausamen Stadt und vor Dichtern, die im August öffentlich vortragen? ...
Nur schwer kommt einer empor, dessen Fähigkeiten die Beschränktheit seiner Mittel im Wege steht, aber in Rom ist dieser Versuch noch schwieriger: viel Geld kostet eine schäbige Wohnung, viel Geld kostet es, Sklaven den Bauch zu füllen, und selbst eine bescheidene Mahlzeit kostet viel Geld. Man schämt sich, von irdenem Geschirr zu speisen. ...
Kein Mensch fürchtet jemals Hauseinsturz im kühlen Präneste[3] oder in Volsinii[3] auf seinen Waldeshängen noch im bescheidenen Gabii[3] oder in Tibur[3], hoch über dem Abhang. Wir aber wohnen in einer Stadt, die zum großen Teil auf schwachen Stützbalken ruht, denn so hemmt der Hausverwalter den Zusammenbruch, und wenn er alte klaffende Risse ausgebessert hat, heißt er uns ruhig schlafen, während beständig Einsturz droht. ...
Kannst du dich von den Zirkuskämpfen losreißen, so kannst du dir in Sora[3], Fabrateria[3] oder Frusino[3] prächtig ein ganzes Haus kaufen für den Betrag, den du jetzt als Jahresmiete für ein dunkles Loch bezahlst. ...
Hier sterben viele, weil Schlaflosigkeit sie krank gemacht hat; [die Speise, die unverdaut im fiebernden Magen festsitzt, ruft Krankheit hervor,] denn in welcher Mietwohnung kann man schlafen? Sehr reich muß man sein, um in Rom schlafen zu können. Das ist die Hauptursache des Übels: Wagen biegen in scharfer Wendung um die Straßenecken, die Treiber schimpfen laut, wenn ihre Herde nicht weiter kann. ...
Aber dies ist nicht die einzige Gefahr, vor der du dich hüten mußt. Denn der Räuber stellt sich ein, wenn alle Häuser verschlossen, alle Läden, mit Ketten gesichert, schweigen. Manchmal treibt auch der bewaffnete Straßenräuber sein Handwerk.

Juvenal, Satire 3. U: Juvenal. Satiren, Übersetzung, Einführung und Anhang von Harry C. Schnur, Stuttgart (Reclam) 1969, S. 27ff.

[1] Insel im Golf von Neapel [2] Arme-Leute-Viertel Roms
[3] kleinere Städte bzw. Gemeinden in Latium

1 In Z. 11/12 von **M2** wird Bezug auf das römische Klientelwesen genommen. Informieren Sie sich darüber anhand geeigneter Quellen und präsentieren Sie Ihre Ergebnisse vor der Klasse.

2 Ermitteln Sie aus **M2** die Schattenseite Roms, die für Plinius offenbar keine Rolle spielt, die Martial aber thematisiert. Finden Sie Gründe dafür, dass Martial auf sie eingeht.

3 Arbeiten Sie aus **M3** die Nachteile des Großstadtlebens heraus, die zusätzlich zu den bereits angesprochenen Aspekten deutlich werden.

Straßenszene in Rom in der frühen Kaiserzeit. Aquarell von Peter Connolly (1935–2012).

Ehe und Familie

Sachfeld gute Eigenschaften
exemplum, mōs, bonus, clārus, dīgnus, honestus, pius
Sachfeld Liebe
amāre, cupere, dīligere, placēre, amor, libīdō, cāritās
Sachfeld Verlust
āmittere, dēesse, morī, perdere, perīre, dolor, mors
Grammatik Fragesätze, Relativsätze, relativer Satzanschluss, Adjektivbildung, Konjunktiv im Hauptsatz
Stilmittel rhetorische Frage, Ellipse, Parallelismus, Anapher, Hyperbaton

Unsere heutige Definition des Begriffes „Familie" unterscheidet sich deutlich von der Definition, die die Römer hatten: Der juristische Begriff familia nämlich bezog sich sowohl auf Menschen als auch auf das Vermögen. Zu einer familia gehörten alle Personen, die der Gewalt (patria potestas) des Familienoberhaupts (pater familias) unterstanden, also Frau und Kinder, alle, die als Freie von seiner Gunst abhängig waren (Klienten), ferner alle Mitglieder einer gens, die ein gemeinsames cognomen (Beiname) führten, sowie alle zu einem Haus zählenden Sklaven; es gehörte zur familia aber auch das gesamte Familienvermögen, das beim Zensus anzugeben war.

Der pater familias konnte theoretisch über alle Familienangehörigen Strafen (bis hin zur Todesstrafe) verhängen, war aber letztlich der Sittenaufsicht der Zensoren unterstellt und konnte von diesen für den Missbrauch seiner allumfassenden Rechtsgewalt zur Rechenschaft gezogen werden.

In der Regel zogen die Kinder aus, wenn sie heirateten, und noch unverheiratete Söhne gründeten meist mit 18 Jahren einen eigenen Junggesellenhaushalt (sofern der pater familias einverstanden war), sodass normalerweise tatsächlich nur die Eltern, die minderjährigen bzw. unverheirateten Kinder und die Sklaven in einem Haus lebten.

In der Regel war eine Eheschließung keine Liebesheirat, sondern meist eine von den Vätern ausgehandelte Vernunftverbindung, deren Hauptzweck es war, legitime Nachkommen hervorzubringen, um den Fortbestand der gens zu sichern. Im Idealfall entwickelte sich zwischen den Eheleuten eine von Sympathie und gegenseitigem Respekt geprägte Beziehung; selbstverständlich war das aber nicht.

Im Allgemeinen dürfte das Verhältnis der Familienmitglieder untereinander erheblich förmlicher und distanzierter gewesen sein als heute. Vor allzu großer Tyrannei des Ehemannes war die Frau allerdings dadurch geschützt, dass die meisten Ehen so geschlossen wurden, dass die Frau in der patria potestas ihrer eigenen Familie blieb.

T3 Frauen – exempla virtutis?

Als Cicero sich in der Verbannung befindet, äußert er seine Sorgen oft in Briefen an seine Frau Terentia:

... Quodsi nos ad aliquam alicuius commodi aliquando recuperandi

spem fortuna reservavit, minus est erratum a nobis. Si haec mala fixa

3 sunt, ego vero te quam primum, mea vita, cupio videre et in tuo

complexu emori, quoniam neque di, quos tu castissime coluisti, neque

homines, quibus ego semper servivi, nobis gratiam rettulerunt ...

[1] recuperāre wiedererlangen
[2] reservāre bewahren fīxus unabänderlich
[3] quam prīmum möglichst bald
[4] complexus, ūs m Umarmung
(ē)morī | castus gottesfürchtig

Ehe und Familie

O me perditum, o afflictum! Quid enim? Rogem te, ut venias, mulie-
rem aegram, et corpore et animo confectam? Non rogem? Sine te
igitur sim? Opinor, sic agam: Si est spes nostri reditus, eam confirmes
et rem adiuves; sin, ut ego metuo, transactum est, quoquo modo
potes, ad me fac venias. Unum hoc scito: Si te habebo, non mihi
videbor plane perisse. Sed quid Tulliola mea fiet? Iam id vos videte:
Mihi deest consilium. Sed certe, quoquo modo se res habebit, illius
misellae et matrimonio et famae serviendum est. Quid? Cicero meus
quid aget? Iste vero sit in sinu semper et complexu meo. Non queo
plura iam scribere: Impedit maeror. Tu quid egeris, nescio: Utrum
aliquid teneas an, quod metuo, plane sis spoliata ...
Tu quod me hortaris, ut animo sim magno et spem habeam recupe-
randae salutis, id velim sit eiusmodi, ut recte sperare possimus ...
Quod reliquum est, sustenta te, mea Terentia, ut potes! Honestissime
viximus, floruimus: Non vitium nostrum, sed virtus nostra nos
afflixit. Peccatum est nullum, nisi quod non una animam cum orna-
mentis amisimus.
Sed si hoc fuit liberis nostris gratius, nos vivere, cetera, quamquam
ferenda non sunt, feramus. Atqui ego, qui te confirmo, ipse me non
possum ...

Cicero, Ad familiares 14,4 m. A.

---

6 **affligere** *(PPP afflictum)* entmutigen, niederschlagen

8 **reditus, ūs** Rückkehr
9 **adiuvāre** unterstützen **sīn** wenn aber **trānsigere** *(PPP trānsāctum)* abschließen
10 *fac <, ut> veniās*
scītō du sollst wissen
11 **Tulliola** Tullia *(Tochter Ciceros)* **fierī** *m. Abl.* werden aus
13 **misellus** erbärmlich **mātrimōnium** Ehe **Cicerō meus:** *Sohn Ciceros*
15 **maeror** Trauer

18 *id velim <, ut> sit*
19 **sustentāre** aufrecht halten
20 **flōrēre** *(Perf. flōruī)* auf der Höhe des Glücks stehen
21 **peccātum** Fehler
21/22 **ōrnāmentum** Ehre

24 **atquī** und doch

---

1 Beschreiben Sie Ciceros Situation und Stimmung, wie sie in **T3** deutlich wird.

2 Benennen Sie die Sorgen, die Cicero bezüglich seiner Frau und seiner Familie umtreiben.

3 Stellen Sie zusammen, welche Hoffnungen und Erwartungen Cicero seiner Frau gegenüber äußert.

4 Charakterisieren Sie das Verhältnis der Ehepartner zueinander.

T4 Das Idealbild einer römischen Ehe

Plinius charakterisiert seine Frau Calpurnia in einem Brief an deren Tante Hispulla.

C. Plinius Calpurniae Hispullae suae s.

Cum sis pietatis exemplum fratremque optimum et amantissimum
3 tui pari caritate dilexeris filiamque eius ut tuam diligas nec tantum
amitae ei affectum, verum etiam patris amissi repraesentes, non
dubito maximo tibi gaudio fore, cum cognoveris dignam patre,
6 dignam te, dignam avo evadere. Summum est acumen, summa
frugalitas; amat me, quod castitatis indicium est.

Accedit his studium litterarum, quod ex mei caritate concepit. Meos
9 libellos habet, lectitat, ediscit etiam.

Qua illa sollicitudine, cum videor acturus, quanto, cum egi, gaudio
afficitur! Disponit, qui nuntient sibi, quem assensum, quos clamores
12 excitarim, quem eventum iudicii tulerim.

Eadem, si quando recito, in proximo discreta velo sedet laudesque
nostras avidissimis auribus excipit.

15 Versus quidem meos cantat
etiam formatque cithara non
artifice aliquo docente, sed
18 amore, qui magister est optimus.

---

2 **amāns** *m. Gen.* jdn. liebend
4 **amita** Tante *(väterlicherseits)*
affectus, ūs Zuneigung
repraesentāre erweisen
5 **fore** ~ futūrum esse
6 **ēvādere** sich entwickeln
5/6 *<illam> dīgnam patre ... ēvādere*
6 **acūmen** *n* Scharfsinn
7 **frūgālitās** *f* Genügsamkeit
castitās, ātis Sittenreinheit
8 **concipere** *(Perf.* concēpī*)* erhalten, bekommen
9 **lēctitāre** eifrig lesen
ēdiscere auswendig lernen
10 **sollicitūdō, inis** *f* Unruhe
11 **dispōnere** an verschiedenen Orten aufstellen **dispōnit** <hominēs>, quī
assēnsus, ūs Zustimmung
12 **excitā<ve>rim** | **ēventus, ūs** Ergebnis
13 **discernere** *(PPP* discrētum*)* absondern **vēlum** Vorhang
14 **avidus** begierig
15 **cantāre** singen
16 **fōrmāre** *hier:* begleiten
cithara: Saiteninstrument

*Lesende Frau. Römisches Fresko.
Neapel, Museo Archeologico Nazionale.*

His ex causis in spem certissimam adducor perpetuam nobis maioremque in dies futuram esse concordiam. Non enim aetatem meam aut corpus, quae paulatim occidunt ac senescunt, sed gloriam diligit. Nec aliud decet tuis manibus educatam, tuis praeceptis institutam, quae nihil in contubernio tuo viderit nisi sanctum honestumque, quae denique amare me ex tua praedicatione consueverit. Nam cum matrem meam parentis loco vererere, me a pueritia statim formare, laudare, talemque, qualis nunc uxori meae videor, ominari solebas. Certatim ergo tibi gratias agimus, ego, quod illam mihi, illa, quod me sibi dederis, quasi invicem elegeris. Vale!

Plinius, Epistulae 4,19

[20] **concordia** Eintracht
[21] **senēscere** alt werden
[22] **decet** *m. Akk.* es ziemt sich für **ēducāre** erziehen
[23] **contubernium** Umgang
[24] **praedicātiō, ōnis** *f* rühmende Erwähnung
[25] **verērēre** ~ verērēris **pueritia** Kindheit **fōrmāre** bilden
[26] **ōminārī** prophezeien
[27] **certātim** *Adv.* um die Wette
[28] **invicem** *Adv.* gegenseitig **ēligere** (*Perf.* ēlēgī) auswählen

1 Stellen Sie zusammen, welche (positiven) Eigenschaften seiner Frau Plinius hervorhebt.

2 Welche Rückschlüsse auf Lebensweise, gesellschaftliche Stellung und Idealbild einer Ehefrau in der römischen Oberschicht lassen sich aus dem Brief ziehen?

3 Erschließen Sie aus den folgenden Grabinschriften und Sprichwörtern (**T5**), welche weiteren Eigenschaften einer Frau als wünschenswert angesehen wurden.

4 Informieren Sie sich in der Schulbibliothek bzw. in geeigneten Nachschlagewerken darüber, wie Ehen bei den Römern geschlossen wurden. Beziehen Sie auch die Abbildung unten mit ein.

Römisches Hochzeitsritual. Marmorrelief, 2. Jh. n. Chr.

Kommunikation im Brief – Cicero und Plinius

T5 Sprichwörter und Grabinschriften

Hic sita est Amymone Marci optima et pulcherrima,

lanifica, pia, pudica, frugi, casta, domiseda.

Corpus Inscriptionum Latinarum 6,11,602

3 Incomparabilis coniunx, mater bona, avia piissima, pudica,

religiosa, laboriosa, frugi, efficax, vigilans, sollicita, univira,

unicuba, totius industriae et fidei matrona.

Inscriptiones Latinae selectae 8444

6 Mulier, quae multis nubit, multis non placet.

Publilius Syrus, Sententiae 340

Multis placere quae cupit, culpam cupit.

Publilius Syrus, Sententiae 351

[1] **situs** begraben **Amȳmōnē Mārcī:** → EV
[2] **lānificus** sich mit Wollarbeit beschäftigend **pudīcus** sittsam **frūgī** indekl. rechtschaffen **castus** keusch **domiseda** (nur f) häuslich
[3] **incomparābilis, e** unvergleichlich **avia** Großmutter **pudīcus** sittsam
[4] **religiōsus** gottesfürchtig **labōriōsus** fleißig **efficāx** energisch **vigilāns** wachsam **sollicitus** besorgt **ūnivira** eine, die nur einen Mann gehabt hat
[5] **ūnicuba** eine, die nur mit einem Mann geschlafen hat **industria** Fleiß

1 Die Bedeutungen der Adjektive lanificus, domiseda, incomparabilis, vigilans, univira und unicuba sind angegeben. Erarbeiten Sie mit Hilfe des Wörterbuchs, welche Bestandteile bzw. welche Formen ihnen zugrunde liegen.

T6 Nicht alle Frauen waren mustergültig

Maximus ille medicorum[1] et huius scientiae
conditor feminis nec capillos defluere dixit
3 nec pedes laborare: Atqui et capillis destitu-
untur et pedibus aegrae sunt.
Non mutata feminarum natura, sed victa est;
6 nam cum virorum licentiam aequaverint,
corporum quoque virilium incommoda
aequarunt.
9 Non minus pervigilant, non minus potant, et
oleo et mero viros provocant. Aeque invitis
ingesta visceribus per os reddunt et vinum

Der berühmteste unter den Ärzten und Begründer dieser Wissenschaft sagte, Frauen würden weder an Haarausfall noch an Fußschmerzen leiden: und doch verlieren sie die Haare und haben kranke Füße.
Nicht gewandelt hat sich die weibliche Natur, nein, sie ist bezwungen worden; denn als sie es den Männern an Zügellosigkeit gleichgemacht haben, wurden sie auch mit deren körperlichen Beschwerden konfrontiert.
Sie schlagen sich nicht weniger oft die Nächte um die Ohren, sie trinken nicht weniger und provozieren die Männer mit Öl und unvermischtem Wein; genauso geben sie das, womit sie den angewiderten Bauch vollgestopft haben, durch den Mund von sich und erbrechen wieder den ganzen Wein;

Ehe und Familie

12 omne vomitu remetiuntur; aeque nivem rodunt, solacium stomachi aestuantis. Libidine vero ne maribus quidem cedunt:
15 Pati natae (di illas deaeque male perdant!) adeo perversum commentae genus inpudicitiae viros ineunt. Quid ergo mirandum est
18 maximum medicorum ac naturae peritissimum in mendacio prendi, cum tot feminae podagricae calvaeque sint?
21 Beneficium sexus sui vitiis perdiderunt et, quia feminam exuerant, damnatae sunt morbis virilibus.

Seneca, Epistulae 95,20f.

[1] gemeint ist Hippokrates

ebenso lutschen sie Schnee zur Linderung der Magenentzündung. Und gar erst in der Lüsternheit stehen sie den Männern nicht nach: zur Hingabe geschaffen – die Götter und Göttinnen mögen ihnen ein böses Ende bereiten! –, haben sie sich eine derart perverse Praktik der Unzucht ausgedacht, dass sie die Männer „bespringen". Ist es daher verwunderlich, dass der größte Arzt und erfahrenste Naturkenner Lügen gestraft wird, da so viele Frauen gichtkrank und glatzköpfig sind.

Das Privileg ihres Geschlechtes haben sie verwirkt, und weil sie ihre Weiblichkeit abgelegt hatten, wurden sie zu Männerkrankheiten verdammt.

L. Annaeus Seneca. Epistulae morales ad Lucilium, Liber XV, übersetzt und herausgegeben von Franz Loretto, Stuttgart (Reclam) 1996, S. 67 u. 69

4 Martial 8,12

Uxorem quare locupletem ducere nolim,
    quaeritis? Uxori nubere nolo meae.
3 Inferior matrona suo sit, Prisce, marito:
    Non aliter fiunt femina virque pares.

[1] locuplēs, ētis wohlhabend dūcere *hier:* heiraten
[3] īnferior *m. Dat.* jdm. untergeordnet

1 Was macht Seneca (**T6**) grundsätzlich verantwortlich dafür, dass Frauen zunehmend unter „Männerkrankheiten" leiden? Geben Sie die Verhaltensweisen der Frauen an, die dabei im Einzelnen genannt werden.

2 Erklären Sie die Pointe des Martial-Epigrammes (**M4**).

3 Sammeln Sie die Charaktermerkmale einer idealen Ehefrau, die sich – als gemeinsamer Nenner – in den Texten finden lassen, und abstrahieren Sie, was die Römer unter einer besonderen oder unter einer ungewöhnlichen Frau verstanden.

Paolo Veronese: Lucretia. 1580. Wien, Kunsthistorisches Museum.

73

Kommunikation im Brief – Cicero und Plinius

4 Informieren Sie sich über bedeutende Frauen der Römerzeit, die in der Literatur als Vorbilder angeführt werden (z. B. Cloelia, Lucretia, Verginia, Veturia). Gehen Sie dabei auch auf ihre Rezeption in der Kunst ein.

5 Nennen Sie mögliche Gründe dafür, dass Verginia und Lucretia eine besonders starke Wirkungsmacht in der Kunst hatten.

6 Erläutern Sie, inwiefern Veränderungen des Frauenbilds zu verschiedenen Zeiten erkennbar sind.

7 Was hat sich im Verhältnis von Ehepartnern verändert bis in unsere Zeit? Nennen Sie mögliche Gründe für diese Veränderungen.

T7 Ratschläge für eine Mutter

C. Plinius Corelliae Hispullae suae s.

Cum patrem tuum, gravissimum et sanctissimum virum, suspexerim
3 magis an amaverim, dubitem, teque et in memoriam eius et in honorem tuum unice diligam, cupiam necesse est atque etiam, quantum in me fuerit, enitar, ut filius tuus avo similis exsistat, equidem malo
6 materno; quamquam illi paternus etiam clarus spectatusque contigerit, pater quoque et patruus illustri laude conspicui. Quibus omnibus ita demum similis adolescet, si imbutus honestis artibus fuerit, quas
9 plurimum refert, a quo potissimum accipiat.

Adhuc illum pueritiae ratio intra contubernium tuum tenuit, praeceptores domi habuit, ubi est erroribus modica vel etiam nulla materia.
12 Iam studia eius extra limen proferenda sunt, iam circumspiciendus rhetor Latinus, cuius scholae severitas, pudor, imprimis castitas constet.

Danaë mit ihrem Sohn Perseus. Ausschnitt aus einem Fresko aus Pompeji. Neapel, Museo Archeologico Nazionale.

[1] Corellia Hispulla: → EV
[2] gravis, e *hier:* bedeutend **suspicere** *(Perf.* suspexī*)* verehren
[2–4] Cum dubitem, ⟨utrum⟩ patrem tuum … suspexerim magis an amāverim, ⟨et cum⟩ tē … dīligam, necesse est ⟨, ut⟩ cupiam …
[4] **quantum** *Subj.* soweit
[5] **ēnītī** sich bemühen **exsistere** werden **mālō:** *von* mālle
[5/6] equidem mālō ⟨, ut māterno avō similis exsistat⟩
[6] **māternus** mütterlicherseits **paternus** Großvater väterlicherseits **spectātus** tüchtig
[6/7] **contingere** *(Perf.* contigī*) hier:* zuteil werden
[7] **patruus** Onkel väterlicherseits **illūstris, e** glänzend **cōnspicuus** ausgezeichnet
[8] **adolēscere** heranwachsen **imbuere** *(PPP* imbūtum*) m. Abl.* vertraut machen mit
[8/9] *relative Verschränkung m. indir. Frage*
[10] **ratiō** *m. Gen.* Rücksicht auf **contubernium** Obhut
[11] **modicus** gering **māteria** *hier:* Gelegenheit
[12] **līmen, inis** *n* Haus **circumspicere** suchen
[13] **rhētor** *m* Lehrer der Redekunst **castitās** Sittenreinheit

Adest enim adulescenti nostro cum ceteris naturae fortunaeque

15 dotibus eximia corporis pulchritudo, cui in hoc lubrico aetatis non

praeceptor modo, sed custos etiam rectorque quaerendus est.

Videor ergo demonstrare tibi posse Iulium Genitorem. Amatur a me;

18 iudicio tamen meo non obstat caritas hominis, quae ex iudicio nata

est. Vir est emendatus et gravis, paulo etiam horridior et durior, ut in

hac licentia temporum. Quantum eloquentia valeat, pluribus credere

21 potes; nam dicendi facultas aperta et exposita statim cernitur. Vita

hominum altos recessus magnasque latebras habet; cuius pro Genito-

re me sponsorem accipe! Nihil ex hoc viro filius tuus audiet nisi

24 profuturum, nihil discet, quod nescisse rectius fuerit, nec minus saepe

ab illo quam a te meque admonebitur, quibus imaginibus oneretur,

quae nomina et quanta sustineat.

27 Proinde faventibus dis trade eum praeceptori, a quo mores primum,

mox eloquentiam discat, quae male sine moribus discitur. Vale!

Plinius, Epistulae 3,3

[15] **pulchritūdō** *f: Subst. zu* pulcher **in hōc lūbricō aetātis** in diesem kritischen Alter
[17] **dēmōnstrāre** *hier:* zeigen, empfehlen **Iūlius Genitor:** *Redner und Ratgeber des Plinius*
[18] **obstāre** im Weg stehen
[19] **ēmendātus** korrekt **horridus** rau
[21] **expositus** erkennbar

[22] **recessus, ūs** *hier:* Abgrund **latebra** Schlupfwinkel
[23] **spōnsor, ōris** Bürge
[24] **prōdesse** *(PFA* prōfutūrum*)* nützen **nescī<vi>sse**
[25] **imāgō, inis** *hier:* Ahnenbild **onerāre** belasten

5 Martial 9,68

Was hab ich dir getan, du elender Schulmeister, der du
  Knaben und Mädchen zugleich allen von Herzen verhasst?
Noch haben nicht das Schweigen der Nacht die Hähne gebrochen,
  und schon brüllst voller Wut schimpfend und schlagend du los.
Grad so dröhnt das Metall, wenn's der Schmied auf dem Amboss behämmert,
  um einen Rechtsanwalt hoch zu erheben aufs Ross.
Leiser noch ist das Geschrei im weiten Amphitheater,
  wenn mal der kleinere Schild siegt und der Pöbel ihm jauchzt.
Lass deine Nachbarn schlafen – noch nicht einmal durchschlafen – bitte:
  manchmal erwachen geht noch, durchwachen aber ist schlimm.
Schick deine Schüler nach Haus: so viel wie fürs Brüllen du einnimmst,
  Ruhestörer, wolln wir zahlen, nur halte das Maul!
Ü: Martial. Epigramme, ausgewählt, übersetzt und erläutert von Harry C. Schnur, Stuttgart (Reclam) 1966, S. 85 f.

1 Skizzieren Sie die wesentlichen Bestandteile der Ausbildung eines jungen Römers der Oberschicht.

2 Arbeiten Sie aus **T7** die Anforderungen heraus, die Plinius an einen guten Lehrer stellt.

3 Charakterisieren Sie den von Martial in **M5** beschriebenen Lehrer.

Kommunikation im Brief – Cicero und Plinius

T8 Wir sind alle nur Menschen

C. Plinius Iuniori suo s.

Castigabat quidam filium suum, quod paulo sumptuosius equos et canes emeret. Huic ego iuvene digresso: „Heus tu, numquamne fecisti, quod a patre corripi posset? 'Fecisti', dico? Non interdum facis, quod filius tuus, si repente pater ille, tu filius, pari gravitate reprehendat? Non omnes homines aliquo errore ducuntur? Non hic in illo sibi, in hoc alius indulget?"

Haec tibi admonitus immodicae severitatis exemplo, pro amore mutuo scripsi, ne quando tu quoque filium tuum acerbius duriusque tractares. Cogita et illum puerum esse et te fuisse atque ita hoc, quod es pater, utere, ut memineris et hominem esse te et hominis patrem!

Vale!

Plinius, Epistulae 9,12

[1] **Iūnior, ōris:** → *EV*
[2] **castīgāre** zurechtweisen **sūmptuōsus** verschwenderisch
[3] **dīgredī** *(PPP dīgressum)* weggehen **heus** he!
[4] **corripere** *hier:* tadeln **interdum** manchmal
[5] **gravitās, ātis** Strenge
[6/7] ... *in illō ‹errōre› ... in hōc ‹errōre›*
[7] **indulgēre** nachsichtig sein
[8] **immodicus** übertrieben
[9] **mūtuus** gegenseitig
[10] **tractāre** behandeln

Bestrafung eines Schülers. Römische Wandmalerei aus Pompeji. Vor 79 n. Chr. Neapel, Museo Archeologico Nazionale.

1 Welche Erziehungsprinzipien scheinen Plinius besonders wichtig zu sein?

2 Erläutern Sie aus der Lektüre von **T7**, **M5** und **T8**, welchen Stellenwert Kinder bei den Römern hatten. Stellen Sie die Erziehungsprinzipien zusammen, die in den Texten der einzelnen Autoren besonders hervorgehoben sind.

3 Zeigen Sie grundlegende Unterschiede zwischen der Phase der Kindheit bei den Römern und der in unserer Zeit auf.

Sklaven

Sachfeld Wertschätzung und Sorge
amāre, cōnficere, cōnsulere, cūrae esse, dīligere, interesse, verērī, dīgnus, dīligēns, dolor
Sachfeld Vorschriften
dēbēre, licet, oportet, opus est, praecipere, praestāre, officium
Sachfeld zwischenmenschliche Beziehungen
colere, committere, permittere, perturbāre, sentīre, vīvere, crūdēlis, familiāris, superbus
Grammatik Jussiv, Optativ, Imperativ, Konditionalsätze, Potentialis, nd-Formen
Stilmittel Archaismus, Polysyndeton, Asyndeton, Anapher, Antithese, Klimax, Hyperbel, Ellipse

„No one shall be held in slavery or servitude; slavery and the slave trade shall be prohibited in all their forms." So lautet der zentrale Artikel 4 zum Thema „Sklaverei" in der *Universal Declaration of Human Rights* vom 10. Dezember 1948 (vgl. **M6**). Was für uns selbstverständlich klingt, ist eine neuzeitliche Entwicklung, denn die Sklaverei war noch weit bis ins 19. Jh. hinein verbreitet. In der Antike war sie eine Selbstverständlichkeit und wurde trotz zahlreicher Sklavenaufstände nie ernsthaft in Frage gestellt.

Doch wie wurde man Sklave? Und was bedeutete es, Sklave zu sein? Zunächst gab es vor allem Schuldsklaven, also Menschen, die ihre Schulden nicht mehr bezahlen konnten und deshalb versklavt wurden. Aber auch die Bestrafung von Verbrechen und die unfreie Geburt waren mögliche Ursachen für die Sklaverei. Seit der Zeit der Punischen Kriege handelte es sich bei den Sklaven vor allem um Kriegsgefangene. Zu Beginn der Kaiserzeit war schließlich ein Drittel der römischen Stadtbevölkerung Sklaven.

Die Lebensbedingungen der Sklaven waren sehr unterschiedlich: Unmenschliche Zustände herrschten oft in Bergwerken, Steinbrüchen und Amphitheatern, ein hartes Los hatten auch Sklaven auf den Latifundien (Landgütern). Besser erging es Sklaven, die als Hausdiener oder im Staatsdienst arbeiteten. Ihnen war es mit Erlaubnis des Herrn auch möglich, sich in selbständiger Arbeit etwas Geld dazuzuverdienen (das sog. **peculium**), mit dem sie sich sogar freikaufen konnten. Gerade in der Kaiserzeit gelangten Sklaven in ausgesprochene Vertrauensstellungen am Hof. Als „Faustregel" kann gelten, dass es Sklaven umso besser ging, je außergewöhnlicher ihre Fähigkeiten, je weniger wohlhabend der Herr und je enger die Beziehung Herr – Sklave war.

Der Herr hatte in der Regel auch ein Interesse daran, dass es seinen Sklaven gut ging, denn ihre Anschaffung war teuer und man wollte die Dienste dieser „Wertanlage" möglichst lange in Anspruch nehmen können. Insofern ist die Behauptung des Philosophen Epiktet (→ EV) nicht abwegig, manche Sklaven hätten ein besseres Los gehabt als viele freie Angehörige der Unterschicht, weil zumindest ihre materielle Versorgung gesichert war, während viele Freie hart ums Überleben kämpfen mussten.

Aber es gab natürlich gewichtige Einschränkungen, die Sklaven hinzunehmen hatten: Sie durften keine rechtmäßige Ehe eingehen, nur ein sog. **contubernium**, sofern es der Herr gestattete. Sie konnten von ihrem Herrn nach Belieben bestraft werden. Sie mussten, wenn der Herr ihre Flucht befürchtete, eine Sklavenmarke um den Hals tragen. Sklavenfolter galt bei Gerichtsprozessen als effektivstes Mittel zur Wahrheitsfindung. Auf den Latifundien gab es sog. **ergastula** (eine Art Privatgefängnis), in denen vermeintlich gefährliche Sklaven von ihren Herren eingesperrt wurden. Wenn sie einen Anschlag auf das Leben ihres Herrn planten, gab es kein Pardon. Ja, durch das **senatus consultum Silanianum** drohte allen Sklaven, die unter demselben Dach lebten mit einem Sklaven, der seinen Herrn umgebracht hatte, die Todesstrafe.

Diese Beispiele zeichnen ein düsteres Bild des Sklavendaseins und machen begreiflich, dass es immer wieder zu Sklavenaufständen kam, deren Ziel aber nie die Abschaffung der Sklaverei war, sondern immer nur die Verbesserung persönlicher Lebensumstände. Die Aufstände hatten jedoch nie Erfolg, was vor allem an der sozialen und nationalen Uneinigkeit der Sklaven lag, die von den Besitzern noch gefördert wurde, sowie an ihrer mangelnden Bildung und den fehlenden Möglichkeiten der Planung.

Kommunikation im Brief – Cicero und Plinius

Über die rechtliche und gesellschaftliche Situation der Sklaven informieren u. a. die Zwölftafelgesetze, die ersten schriftlich fixierten Gesetze der Römer aus den Jahren 451/450 v. Chr. Immer noch recht archaisch klingt Cato (→ EV) in **T10**, während **T11** und **T12** (→ EV) aus der Kaiserzeit stammen.

T9 Zwölftafelgesetze 8,3

MANU FUSTIVE SI OS FREGIT LIBERO, CCC, SI SERVO, CL POENAM SUBITO.

„Wenn einer mit der Hand oder mit einem Stock einem Freien das Gesicht verstümmelt hat, soll er eine Strafe von 300 As zahlen, wenn er dasselbe einem Sklaven angetan hat, 150 As."

Nachbildung der ersten Tafel des Zwölftafelgesetzes. Rom, Museo della Civiltà Romana.

T10 Cato, De agri cultura 2

Pater familias, ubi ad villam venit, ubi larem familiarem salutavit, fundum eodem die, si
3 potest, circumeat; si non eodem die, at postridie. Ubi cognovit, quo modo fundus cultus siet, operaque, quae facta infectaque
6 sient, postridie eius diei vilicum vocet, roget, quid operis siet factum, quid restet ...
Cum servi aegrotarint, cibaria tanta dari non
9 oportuisse ...
Auctionem uti faciat: Vendat oleum, si pretium habeat; vinum, frumentum, quod

Sobald der Gutsherr zum Haupthaus gekommen ist und dem Hausgott seine Verehrung erwiesen hat, mache er, wenn möglich, noch am selben Tag einen Rundgang um das Gut; wenn nicht am selben Tag, dann spätestens am nächsten. Wenn er gesehen hat, wie das Gut bewirtschaftet ist und welche Arbeiten gemacht und welche nicht gemacht worden sind, lasse er am folgenden Tag den Verwalter kommen und frage, welche Arbeit erledigt sei, was noch zu tun bleibe ...

Wenn Sklaven krank waren, hätte man ihnen nicht so viel Verpflegung zu geben brauchen. ...

Er verkaufe Öl, wenn es einen guten Preis hat; er verkaufe den Überschuss an Wein und Getreide;

Sklaven

12 supersit, vendat; boves vetulos, armenta
delicula, oves deliculas, lanam, pelles, plost-
rum vetus, ferramenta vetera, servum senem,
15 servum morbosum, et si quid aliud supersit,
vendat. Patrem familias vendacem, non
emacem esse oportet.

alte Ochsen, entwöhnte Kälber, entwöhnte Lämmer, Wolle, Häute, einen alten Wagen, altes Eisengerät, einen alten Sklaven, einen kränklichen Sklaven und, wenn sonst etwas überflüssig ist, verkaufe er. Ein Gutsherr muss verkaufslustig, nicht kauflustig sein.

M. Porcius Cato. De agri cultura/Über die Landwirtschaft, übersetzt und herausgegeben von Hartmut Froesch, Stuttgart (Reclam) 2009, S. 11 u. 13

1 Gaius, Institutiones 1,9–11 und 52–53

Et quidem summa divisio de iure persona-
rum haec est, quod omnes homines aut liberi
3 sunt aut servi. Rursus liberorum hominum
alii ingenui sunt, alii libertini.

Und die wichtigste Unterscheidung bezüglich der Rechtsstellung von Personen ist freilich die, dass alle Menschen entweder Freie sind oder Sklaven. Von den freien Menschen wiederum sind die einen Freigeborene, die anderen Freigelassene.

Ingenui sunt, qui liberi nati sunt; libertini, qui
6 ex iusta servitute manumissi sunt. In potesta-
te itaque sunt servi dominorum. Quae
quidem potestas iuris gentium est: Nam apud
9 omnes peraeque gentes animadvertere
possumus dominis in servos vitae necisque
potestatem esse; et quodcumque per servum
12 adquiritur, id domino adquiritur. Sed hoc
tempore neque civibus Romanis nec ullis aliis
hominibus, qui sub imperio populi Romani
15 sunt, licet supra modum et sine causa in
servos suos saevire.

Freigeborene sind die, die als Freie geboren worden sind; Freigelassene die, die aus rechtmäßiger Sklaverei freigelassen worden sind. Unter der Gewalt ihrer Herren stehen demnach die Sklaven. Diese Gewalt ist freilich Teil des Völkerrechts: Denn bei allen Völkern gleichermaßen können wir wahrnehmen, dass die Herren die Gewalt über Leben und Tod ihrer Sklaven haben; und alles, was durch einen Sklaven erworben wird, wird für den Herrn erworben. Aber in unserer Zeit ist es weder römischen Bürgern noch irgendwelchen anderen Menschen, die unter der Herrschaft des römischen Volkes stehen, erlaubt, ihre Sklaven über das rechte Maß hinaus und ohne Grund grausam zu behandeln.

2 Historia Augusta, Hadrian 18,7 und 10

Servos a dominis occidi vetuit eosque iussit
damnari per iudices, si digni essent.
3 Ergastula servorum et liberorum tulit ...

Er (gemeint ist Kaiser Hadrian) verbot, dass Sklaven von ihren Herren getötet werden, und befahl, dass diese, wenn sie es verdienten, durch Richter verurteilt werden.
Zuchthäuser für Sklaven und Freie schaffte er ab ...

1 T9–T12 enthalten Informationen zur Rechtsstellung von Sklaven und Freigelassenen. Formulieren Sie einen „Lexikonartikel", in dem alle wesentlichen Aspekte in möglichst systematischer Form enthalten sind (vgl. dazu auch S. 77).

T13 Quo me animo in servis esse censes?

Im Jahre 60/59 v. Chr. schreibt Cicero an seinen Bruder Quintus, der gerade die Provinz Kleinasien verwaltet, zum Umgang mit Sklaven:

Iam, qui in eiusmodi rebus, in quibus vereor etiam, ne durior sim, cautus esse velim ac diligens, quo me animo in servis esse censes?
3 Quos quidem cum omnibus in locis, tum praecipue in provinciis regere debemus. Quo de genere multa praecipi possunt, sed hoc et brevissimum est et facillime teneri potest, ut ita se gerant in istis
6 Asiaticis itineribus, ut si iter Appia via faceres, neve interesse quicquam putent, utrum Tralles an Formias venerint. Ac si quis est ex servis egregie fidelis, sit in domesticis rebus et privatis; quae res ad
9 officium imperii tui atque ad aliquam partem rei publicae pertinebunt, de his rebus ne quid attingat. Multa enim, quae recte committi servis fidelibus possunt, tamen sermonis et vituperationis vitandae
12 causa committenda non sunt.

Cicero, Ad Quintum fratrem 1,1,17

2 **cautus** vorsichtig
3 **praecipuus** besonders
5 **sē gerere** sich verhalten
6 **Asiāticus** hier: durch Asien
Appia via Via Appia (Römerstraße von Rom nach Brindisi)
6/7 **interesse quicquam** irgendeinen Unterschied machen
7 **Trallēs, ium:** → EV **Formiae, ārum:** → EV

11 **vituperātiō, ōnis** f Tadel

Sklaven beim Bau einer Mauer. Fragment einer römischen Wandmalerei.

4 Sorge um Tiro

Ungefähr zehn Jahre später schreibt Cicero an seinen Privatsekretär Tiro:

Tullius Tironi suo salutem plurimam dicit et Cicero et Quintus frater
et Quinti filius.

3 Varie sum affectus tuis litteris: Valde priore pagina perturbatus,
paulum altera recreatus. Quare nunc quidem non dubito, quin, quoad
plane valeas, te neque navigationi neque viae committas: Satis te
6 mature videro, si plane confirmatum videro.

De medico et tu bene existimari scribis et ego sic audio; sed plane
curationes eius non probo; ius enim dandum tibi non fuit, cum
9 kakostómachos esses. Sed tamen et ad illum scripsi accurate et ad
Lysonem. Ad Curium vero, suavissimum hominem et summi officii
summaeque humanitatis, multa scripsi, in iis etiam, ut, si tibi videre-
12 tur, te ad se transferret; Lyso enim noster vereor, ne neglegentior sit:
Primum, quia omnes Graeci; deinde, quod, cum a me litteras accepis-
set, mihi nullas remisit. Sed eum tu laudas: Tu igitur, quid faciendum
15 sit, iudicabis.

Illud, mi Tiro, te rogo, sumptu ne parcas ulla in re, quod ad valetudinem opus sit: Scripsi ad Curium, quod dixisses, daret; medico ipsi
18 puto aliquid dandum esse, quo sit studiosior. Innumerabilia tua sunt
in me officia, domestica, forensia, urbana, provincialia, in re privata,
in publica, in studiis, in litteris nostris: Omnia viceris, si, ut spero, te
21 validum videro.

Ego puto te bellissime, si recte erit, cum quaestore Mescinio decursu-
rum; non inhumanus est teque, ut mihi visus est, diligit. Et cum
24 valetudini tuae diligentissime consulueris, tum, mi Tiro, consulito
navigationi: Nulla in re iam te festinare volo; nihil laboro, nisi ut
salvus sis.

27 Sic habeto, mi Tiro, neminem esse, qui me amet, quin idem te amet:
Cum tua et mea maxime interest te valere, tum multis est curae.
Adhuc, dum mihi nullo loco deesse vis, numquam te confirmare
30 potuisti: Nunc te nihil impedit; omnia depone, corpori servi!

---

1 **Tullius** M. Tullius Cicerō
(→ *EV*) **Cicerō:** *wohl* M. Tullius
Cicerō, *Sohn des berühmten*
Cicerō (→ *EV*) **Quīntus frāter:**
Bruder des berühmten Cicerō
(→ *EV*)
3 **afficī** in eine Stimmung
versetzt werden **valdē** sehr
pāgina Seite
4 **recreāre** beruhigen **quoad**
solange, bis
5 **nāvigātiō, ōnis** Schiffsreise
via *hier:* Reise auf dem Landweg
6 **vīderō:** *dt. Fut. I*
7 **dē medicō** ~ medicum
8 **cūrātiō, ōnis** Behandlung
iūs, iūris *n* Suppe
9 **kakostómachos** magenkrank
accūrātus sorgfältig
10 **Lysō, Curius:** *Gastfreunde*
Ciceros in Kilikien
11/12 **vidērētur** ~ placēret
12 **ad sē trānsferre** zu sich
nehmen **neglegēns** nachlässig
16 **sūmptū:** *Dat.*
17 *scrīpsī ad Curium, <ut>*
daret, quod dīxissēs
18 **innumerābilis, e** unzählbar
19 **forēnsis, e** öffentlich
urbānus: *Adj. zu* urbs
prōvinciālis, e in den Provinzen
20 **vīceris:** *dt. Fut. I*
21 **validus** gesund
22 **bellissimē** ~ opportunis-
simē **quaestor, ōris** Quästor
(Finanzbeamter)
22/23 **dēcurrere** *(PPP*
dēcursum) reisen
24 **cōnsulitō** ~ cōnsulās
25 **festīnāre** sich beeilen
27 **habēre** *hier:* überzeugt sein
habētō ~ habeās **quīn** ~ quī
nōn **īdem** *hier:* genauso
30 **servī:** *Verbform*

Quantam diligentiam in valetudinem tuam contuleris, tanti me fieri a te iudicabo. Vale, mi Tiro, vale, vale et salve!

Cicero, Ad familiares 16,4

[31] dīligentia: *Subst. zu* dīligēns **cōnferre in** *(Perf. contulī) m. Akk.* verwenden auf

[31/32] **Stellen Sie um:** *Iūdicābō mē a tē tantī fierī, quantam dīligentiam in valētūdinem tuam contuleris.*

1 Weisen Sie nach, dass in **T13** und **T14** unterschiedliche Formen des Umgangs mit Sklaven bzw. Freigelassenen erkennbar sind, und nennen Sie mögliche Gründe dafür.

2 Woran wird deutlich, dass es sich bei dem Brief an Tiro um einen reinen Privatbrief handelt?

Römische chirurgische Instrumente. Gefunden in Pompeji im „Haus des Chirurgen".

5 Die „humanitas" des Plinius

C. Plinius Paterno suo s.

Confecerunt me infirmitates meorum, mortes etiam, et quidem

3 iuvenum. Solacia duo nequaquam paria tanto dolori, solacia tamen:
Unum facilitas manumittendi (videor enim non omnino immaturos
perdidisse, quos iam liberos perdidi), alterum, quod permitto servis

6 quoque quasi testamenta facere eaque ut legitima custodio. Mandant
rogantque, quod visum; pareo ut iussus. Dividunt, donant, relinquunt,
dumtaxat intra domum; nam servis res publica quaedam et quasi

9 civitas domus est. Sed quamquam his solaciis acquiescam, debilitor et
frangor eadem illa humanitate, quae me, ut hoc ipsum permitterem,
induxit.

12 Non ideo tamen velim durior fieri. Nec ignoro alios eius modi casus
nihil amplius vocare quam damnum eoque sibi magnos homines et
sapientes videri. Qui an magni sapientesque sint, nescio; homines non

15 sunt. Hominis est enim affici dolore, sentire, resistere tamen et solacia
admittere, non solaciis non egere.

Verum de his plura fortasse quam debui, sed pauciora quam volui. Est

18 enim quaedam etiam dolendi voluptas, praesertim si in amici sinu
defleas, apud quem lacrimis tuis vel laus sit parata vel venia. Vale!

Plinius, Epistulae 8,16

---

1 Paternus: → *EV*

2 īnfirmitās, ātis Krankheit
meōrum: *erg.* servōrum

3 nēquāquam keineswegs

4 facilitās Möglichkeit
manūmittere freilassen
immātūrus zu früh

6 ut lēgitima custōdīre als
rechtsgültig betrachten

7 vidērī *hier:* richtig erscheinen
quod vīsum ‹eīs est›

8 dumtaxat natürlich nur

9 acquiēscere sich beruhigen
dēbilitāre entmutigen

13 damnum materieller Verlust

16 egēre *m. Abl.* etw. brauchen

17 *Vērum ... plūra fortasse
‹scrīpsī› ...*

19 dēflēre sich ausweinen

---

1 Beschreiben Sie Plinius' Einstellung zu Sklaven. Erläutern Sie, was der Teilsatz dumtaxat intrā domum in diesem Zusammenhang bedeutet.

2 Die Wörter mortēs (Z. 2) und sōlācia (Z. 3) sind schwer zu übersetzen, da die jeweilige Grundbedeutung im Deutschen im Plural nicht gebräuchlich ist. Finden Sie treffende Übersetzungen.

T16 Tatort Landhaus

C. Plinius Acilio suo s.

Rem atrocem nec tantum epistula dignam Larcius Macedo, vir praeto-
3 rius, a servis suis passus est, superbus alioqui dominus et saevus et qui
servisse patrem suum parum, immo nimium meminisset.

Lavabatur in villa Formiana. Repente eum servi circumsistunt. Alius
6 fauces invadit, alius os verberat, alius pectus et ventrem atque etiam
– foedum dictu – verenda contundit; et cum exanimem putarent,
abiciunt in fervens pavimentum, ut experirentur, an viveret. Ille, sive
9 quia non sentiebat, sive quia se non sentire simulabat, immobilis et
extentus fidem peractae mortis implevit. Tum demum quasi aestu
solutus effertur; excipiunt servi fideliores, concubinae cum ululatu et
12 clamore concurrunt. Ita et vocibus excitatus et recreatus loci frigore
sublatis oculis agitatoque corpore vivere se (et iam tutum erat) confi-
tetur. Diffugiunt servi; quorum magna pars comprehensa est, ceteri
15 requiruntur.

Ipse paucis diebus aegre focilatus non sine ultionis solacio decessit ita
vivus vindicatus, ut occisi solent.

18 Vides, quot periculis, quot contumeliis, quot ludibriis simus obnoxii;
nec est, quod quisquam possit esse securus, quia sit remissus et mitis;
non enim iudicio domini, sed scelere perimuntur.

Plinius, Epistulae 3,14,1-5

1 Beschreiben Sie Plinius' Einstellung zu Sklaven, wie sie in diesem Brief deutlich wird. Erläutern Sie, wie er die Person des Ermordeten darstellt.

2 Versuchen Sie die deutlichen Unterschiede zum Brief **T15** zu erklären.

---

[1] **Acīlius:** *unbekannt, vielleicht identisch mit Atīlius (→ EV)*
[2] **atrōx, ōcis** abscheulich **Larcius Macedo:** → EV
[2/3] **praetōrius** vom Rang eines Prätors
[3] **aliōquī** *Adv.* überhaupt
[5] **lavārī** baden **Formiānus** bei Formiae (→ EV) **circumsistere** umringen
[6] **faucēs, ium** Kehle **invādere** *hier:* packen **verberāre** schlagen
[7] **foedum dictū** scheußlich zu sagen **verenda, ōrum** Genitalien **contundere** *m. Akk.* schlagen in **exanimis, e** tot
[8] **abicere** (weg)werfen **fervēns** glühend heiß **pavīmentum** Fußboden
[8/9] **sīve ... sīve** sei es, dass ... oder dass
[9] **immōbilis, e** unbeweglich
[10] **extendere** *(PPP extentum)* ausstrecken **fidem implēre** *hier:* den Eindruck erwecken **peragere** *(PPP perāctum)* vollenden
[11] **solvere** *(PPP solūtum) hier:* töten **concubīna** Geliebte **ululātus, ūs** Geschrei
[12] **con-currere** | **recreāre** erfrischen **frīgus, oris** Kühle
[13] **agitāre** *hier:* bewegen
[14] **(dif)fugere**
[16] **focilāre** wiederbeleben **ultiō, ōnis** Rache
[17] **vindicāre** *hier:* rächen
[18] **contumēlia** Misshandlung **lūdibrium** Entehrung **obnoxius** ausgesetzt
[19] **est, quod** es besteht Grund dafür, dass **sēcūrus** sorglos **remissus** nachsichtig **mītis, e** sanft
[20] **perimere** töten

Bankettszene. Römische Wandmalerei aus Pompeji. 1. Jh. n. Chr. Neapel, Museo Archeologico Nazionale.

7 Sind Sklaven Menschen oder Menschen Sklaven?

Libenter ex iis, qui a te veniunt, cognovi familiariter te cum servis tuis vivere. Hoc
3 prudentiam tuam, hoc eruditionem decet. „Servi sunt." Immo homines. „Servi sunt." Immo contubernales. „Servi sunt." Immo
6 humiles amici. „Servi sunt." Immo conservi, si cogitaveris tantundem in utrosque licere fortunae.
9 Itaque rideo istos, qui turpe existimant cum servo suo cenare: Quare, nisi quia superbissima consuetudo cenanti domino stantium
12 servorum turbam circumdedit? Est ille plus, quam capit, et ingenti aviditate onerat distentum ventrem ac desuetum iam ventris

Mit Vergnügen habe ich von Leuten, die von dir kommen, erfahren, dass du mit deinen Sklaven auf freundschaftlichem Fuß stehst: das passt zu deiner Klugheit und zu deiner Bildung. „Sklaven sind sie!" Nein, vielmehr Menschen. „Sklaven sind sie!" Nein, vielmehr Hausgenossen. „Sklaven sind sie!" Nein, vielmehr Freunde niedrigen Standes. „Sklaven sind sie!" Nein, vielmehr Mitsklaven, wenn du bedenkst, dass sich das Geschick gleich viel gegen beide Gruppen herausnehmen darf.

Daher lache ich über diese Leute da, die es für eine Schande halten, mit ihrem Sklaven zusammen zu speisen: Warum wohl, wenn nicht (deshalb), weil eine überhebliche Gewohnheit den Herrn beim Speisen mit einer Schar stehender Sklaven umgeben hat? Jener isst mehr, als er verträgt, und mit ungeheurer Gier überlädt er den übervollen Magen, der die (eigentliche) Funktion des Magens

15 officio, ut maiore opera omnia egerat, quam
ingessit.

At infelicibus servis movere labra ne in hoc
18 quidem, ut loquantur, licet; virga murmur
omne compescitur, et ne fortuita quidem
verberibus excepta sunt: Tussis, sternumenta,
21 singultus; magno malo ulla voce interpella-
tum silentium luitur; nocte tota ieiuni
mutique perstant.

24 Sic fit, ut isti de domino loquantur, quibus
coram domino loqui non licet. At illi, quibus
non tantum coram dominis, sed cum ipsis
27 erat sermo, quorum os non consuebatur,
parati erant pro domino porrigere cervicem,
periculum imminens in caput suum avertere;
30 in conviviis loquebantur, sed in tormentis
tacebant.

Deinde eiusdem arrogantiae proverbium
33 iactatur totidem hostes esse quot servos: Non
habemus illos hostes, sed facimus. Alia
interim crudelia, inhumana praetereo, quod
36 ne tamquam hominibus quidem, sed tamquam iumentis abutimur ...

Vis tu cogitare istum, quem servum tuum
39 vocas, ex isdem seminibus ortum eodem frui
caelo, aeque spirare, aeque vivere, aeque
mori! Tam tu illum videre ingenuum potes
42 quam ille te servum. Variana clade multos
splendidissime natos, senatorium per mili-
tiam auspicantes gradum, fortuna depressit,
45 alium ex illis pastorem, alium custodem

schon nicht mehr kennt, so dass er mit größerer Mühe alles von sich gibt, als er es zu sich genommen hat.
Den unglücklichen Sklaven hingegen ist es nicht einmal zum Zweck des Sprechens gestattet, die Lippen zu bewegen; mit der Rute wird jeder Flüsterton unterdrückt, und selbst unwillkürliche Regungen entgehen nicht der Prügelstrafe, (wie) Husten, Niesen, Schluckauf; die Unterbrechung des Schweigens auch nur durch einen Laut büßt man mit schwerer Strafe; die ganze Nacht hindurch stehen sie da mit leerem Magen und stumm.
So kommt es, dass die über ihren Herrn reden, denen es in seiner Gegenwart zu reden nicht erlaubt ist. Jene hingegen, die nicht nur in Gegenwart ihrer Herren, sondern auch mit ihnen selbst sprechen durften, denen der Mund nicht gestopft wurde, waren bereit, für den Herrn den Nacken hinzuhalten, eine (ihm) drohende Gefahr auf ihr eigenes Haupt abzulenken; bei Tisch redeten sie, doch auf der Folter schwiegen sie.

Zudem ist ein Sprichwort, das derselben Arroganz entspringt, in aller Munde, es gebe ebenso viele Feinde wie Sklaven: nicht haben wir jene zu Feinden, sondern wir machen sie dazu. Indessen übergehe ich andere Grausamkeiten und Unmenschlichkeiten, dass wir sie durchaus nicht als Menschen, sondern als Lasttiere missbrauchen. ...

Willst du bedenken, dass der, den du deinen Sklaven nennst, aus den gleichen Keimen entstanden ist, sich des gleichen Himmels erfreut, ebenso atmet, ebenso lebt, ebenso stirbt (wie du)! Genauso kannst du ihn als Freigeborenen ansehen wie er dich als Sklaven. Nach der Niederlage des Varus hat das Geschick viele Männer von glänzender Herkunft, die sich auf Grund ihres Militärdienstes den senatorischen Rang erhofften, tief fallen lassen: den einen von ihnen machte es zum Hirten, den anderen zum Wächter einer Hütte. Verachte nun

casae fecit. Contemne nunc eius fortunae

hominem, in quam transire, dum contemnis,

48 potes.

Nolo in ingentem me locum immittere et de

usu servorum disputare, in quos superbissi-

51 mi, crudelissimi, contumeliosissimi sumus.

Haec tamen praecepti mei summa est: Sic

cum inferiore vivas, quemadmodum tecum

54 superiorem velis vivere! ...

Vive cum servo clementer, comiter quoque, et

in sermonem illum admitte et in consilium et

57 in convictum! ... Ne illud quidem videtis,

quam omnem invidiam maiores nostri

dominis, omnem contumeliam servis detra-

60 xerint? Dominum patrem familiae appella-

verunt, servos, quod etiam in mimis adhuc

durat, familiares. Instituerunt diem festum,

63 non quo solo cum servis domini vescerentur,

sed quo utique; honores illis in domo gerere,

ius dicere permiserunt et domum pusillam

66 rem publicam esse iudicaverunt.

„Quid ergo? Omnes servos admovebo mensae

meae?" Non magis quam omnes liberos ...

69 Quidam cenent tecum, quia digni sunt,

quidam, ut sint. Si quid enim in illis ex

sordida conversatione servile est, honestio-

72 rum convictus excutiet ...

einen Menschen, der sich zufällig in einer Lage befindet, in die du, noch während du ihn verachtest, hineingeraten kannst.

Ich will mich nicht auf ein unerschöpfliches Thema einlassen und den Umgang mit Sklaven erörtern, gegen die wir höchst anmaßend, grausam und beleidigend sind. Dies jedenfalls ist mein oberstes Gebot: Lebe so mit einem Tieferstehenden, wie du möchtest, dass ein Höhergestellter mit dir lebe! ...

Verkehre mit dem Sklaven gutmütig, ja sogar entgegenkommend, und lass ihn auch am Gespräch, an der Beratung, am geselligen Beisammensein teilnehmen! ... Ja seht ihr denn nicht, wie unsere Vorfahren jede Gehässigkeit den Herren, jede Demütigung den Sklaven entzogen haben? Den Herrn nannten sie Familienvater, die Sklaven (aber) – was in den Mimen noch bis heute fortlebt – Familienangehörige; sie haben einen Festtag eingeführt, nicht damit an diesem Tag allein die Herren mit ihren Sklaven speisten, sondern damit sie es an diesem unbedingt tun; sie gestatteten ihnen, Ämter im Hause auszuüben, Recht zu sprechen, und waren der Ansicht, das Haus sei ein Staat im Kleinen.

„Wie nun? Alle Sklaven soll ich an meinen Tisch bringen?" Ebensowenig wie alle Freien. ... Manche sollen mit dir speisen, weil sie es wert sind, manche, um es zu werden. Wenn ihnen infolge des niedrigen Umgangs etwas Sklavisches anhaftet, wird es das Zusammenleben mit Achtbareren austreiben. ...

„Servus est." Sed fortasse liber animo. „Servus est." Hoc illi nocebit? Ostende, quis non sit:
75 Alius libidini servit, alius avaritiae, alius ambitioni, omnes spei, omnes timori … Quare non est, quod fastidiosi isti te deterreant,
78 quominus servis tuis hilarem te praestes et non superbe superiorem: Colant potius te quam timeant.
81 Dicet aliquis nunc me vocare ad pilleum servos et dominos de fastigio suo deicere, quod dixi: „Colant potius dominum quam
84 timeant." „Ita", inquit, „prorsus colant tamquam clientes, tamquam salutatores?" Hoc qui dixerit, obliviscetur id dominis parum
87 non esse, quod deo sat est. Qui colitur, et amatur: Non potest amor cum timore misceri.
90 Rectissime ergo facere te iudico, quod timeri a servis tuis non vis, quod verborum castigatione uteris: Verberibus muta admonentur …

Seneca, Epistulae 47

„Ein Sklave ist er!" Aber vielleicht frei im Geiste. „Ein Sklave ist er!" Soll ihm das schaden? Zeig (mir), wer es nicht ist! Der eine ist Sklave der Wollust, ein anderer der Habsucht, wieder ein anderer des Ehrgeizes, alle (sind Sklaven) der Hoffnung, alle der Furcht. … Daher gibt es keinen Anlass, dass dich diese widerlichen Snobs davon abbringen, dich deinen Sklaven heiter zu zeigen und nicht als ein hochmütig Höherstehender: Verehren sollen sie dich lieber als fürchten.

Man wird nun sagen, ich riefe die Sklaven zur Freiheit auf und stieße die Herren von ihrem hohen Sockel hinab, weil ich sagte, „verehren sollen sie den Herrn lieber als fürchten". „So ohne weiteres?", heißt es, „sollen sie (ihn) verehren wie Klienten, wie morgendliche Besucher?" Wer so spricht, wird vergessen, dass für den Herrn nicht zu wenig ist, was Gott genügt. Wer verehrt wird, wird auch geliebt: Liebe und Furcht sind unvereinbar. Daher, meine ich, handelst du vollkommen richtig, dass du von deinen Sklaven nicht gefürchtet werden willst, dass du (sie nur) mit Worten zurechtweist. Mit Stockschlägen wird die stumme Kreatur gezüchtigt. …

L. Annaeus Seneca. Epistulae morales ad Lucilium, Liber V, übersetzt und herausgegeben von Franz Loretto, Stuttgart (Reclam) 1988, S. 25–33

Römischer Grabstein mit Darstellung einer Patronin mit ihrer freigelassenen Sklavin. Arles, Musée de l'Arles antique.

1 Beschreiben Sie den Umgang vieler Römer mit ihren Sklaven, wie er von Seneca skizziert wird.

2 Geben Sie wieder, wie der Philosoph Seneca „Sklave" definiert.

3 Nennen Sie Senecas Gründe für seine Haltung.

4 Vergleichen Sie Senecas Haltung mit der des Plinius (**T15**).

5 In seinem Roman *Satyricon* schildert der römische Dichter Petron (1. Jh. n. Chr.) ein wildes Gastmahl. Der Gastgeber des Abends ist Trimalchio, ein neureicher und nur unzureichend gebildeter Freigelassener. Petron legt ihm die folgenden Worte in den Mund:

„Amici", inquit, „et servi homines sunt et aeque unum lactem (Milch) biberunt, etiam si illos malus fatus (~ fatum) oppresserit."

Cena Trimalchionis 71,1

Weisen Sie nach, dass Trimalchio sich konkret auf Senecas Brief (**T17**) bezieht, und beurteilen Sie, ob er dessen Grundgedanken richtig verstanden hat.

6 Zeigen Sie die Entwicklung von den frühen Texten bis hin zu Seneca auf. Führen Sie mögliche Gründe für diese Entwicklung an.

7 Betrachten Sie die auf S. 85 abgebildete Bankettszene und beschreiben Sie exakt, was Sie sehen. Woran sind die Sklaven zu erkennen?

8 Zur weiteren Entwicklung vgl. den Auszug aus der *Universal Declaration of Human Rights* vom 10. Dezember 1948 (**M6**).
a) Suchen Sie die Wörter heraus, die sich auf das Lateinische zurückführen lassen, erschließen Sie ihre Bedeutung und davon ausgehend den Inhalt des gesamten Textes.
b) Nennen Sie weitere Veränderungen im Hinblick auf Sklaverei bzw. Unfreiheit, die es in der Moderne gab.

9 Obwohl die Sklaverei heute offiziell abgeschafft ist, gibt es sie vereinzelt immer noch. Nennen Sie Beispiele moderner Sklaverei.

6 Universal Declaration of Human Rights (1948)

Article 1: All human beings are born free and equal in dignity and rights. They are endowed with reason and conscience and should act towards one another in a spirit of brotherhood.

Article 2: Everyone is entitled to all the rights and freedoms set forth in this Declaration, without distinction of any kind, such as race, colour, sex, language, religion, political or other opinion, national or social origin, property, birth or other status. Furthermore, no distinction shall be made on the basis of the political, jurisdictional or international status of the country or territory to which a person belongs, whether it be independent, trust, non-self-governing or under any other limitation of sovereignty.

Article 3: Everyone has the right to life, liberty and security of person.

Article 4: No one shall be held in slavery or servitude; slavery and the slave trade shall be prohibited in all their forms.

Article 5: No one shall be subjected to torture or to cruel, inhuman or degrading treatment or punishment.

Article 6: Everyone has the right to recognition everywhere as a person before the law.

Article 7: All are equal before the law and are entitled without any discrimination to equal protection of the law. All are entitled to equal protection against any discrimination in violation of this Declaration and against any incitement to such discrimination.

T18 „Sklaven Christi" – die biblische Sichtweise

Unusquisque[1], in qua vocatione[1] vocatus[1] est, in ea permaneat[2]. Si servus vocatus es, non sit tibi curae, sed
3 et si potes liber fieri, magis utere[3]. Qui enim in Domino vocatus est servus, libertus[4] est Domini; similiter qui liber vocatus est, servus est Christi. Pretio empti estis; nolite fieri servi hominum! Unusquisque, in
6 quo vocatus est, fratres, in hoc maneat apud Deum.

Brief des Apostels Paulus an die Korinther 1,7,20-24

[1] ūnusquisque jeder Einzelne
vocātiō, ōnis f Berufung
vocāre *hier:* berufen
[2] permanēre bleiben
[3] magis ūtere: *erg.:* das Sklavendasein
[4] lībertus Freigelassener

1 Zeigen Sie an dem Briefausschnitt, welche grundsätzliche Haltung zur Sklaverei Paulus einnimmt.

2 Stellen Sie mögliche Gründe zusammen, aus denen Paulus nicht explizit für die Abschaffung der Sklaverei plädierte.

> **I3** Paulus
> Paulus (um 3 bis 62 n. Chr.) wurde als Sohn streng gläubiger jüdischer Eltern in Kleinasien unter dem Namen Saulus geboren. Sein Glaubenseifer brachte ihn dazu, die aufkommende christliche Kirche zu verfolgen, wobei er diese für eine jüdische Sekte hielt, die vom Gesetz abwich und darum vernichtet werden müsse. Seine Bekehrung zum Christentum, die auch den Namenswechsel zur Folge hatte, erfolgte nach einer Christus-Vision während einer Reise von Jerusalem nach Damaskus. Paulus führte drei Missionsreisen durch und schrieb anschließend etliche Briefe an die von ihm missionierten Gemeinden.

Der hl. Paulus. Statue im Vatikan.

Spiele und Freizeit

Wortfeld Wahrnehmung
capere, spectāre, vidēre, vidērī
Sachfeld Kampf und Anstrengung
accipere, currere, perferre, pūgnāre, cursus, dolor, glōria, victōria
Sachfeld Gunst und Abneigung
amāre, favēre, auctōritās, grātia, studium
Grammatik AcI, Relativsätze, Fragesätze

Wenn in unseren Medien Begriffe wie „Freizeitstress", „Freizeitpädagogik" oder „Freizeitindustrie" fallen, könnte man meinen, dass die Spaß- und Konsumgesellschaft eine Erfindung unserer Zeit ist. Aber schon bei den Römern gab es ein ausgesprochen vielseitiges und extravagantes Angebot an Freizeitaktivitäten.

In den folgenden Texten sollen weniger die Freizeitbeschäftigungen im Mittelpunkt stehen, die unseren heutigen ähnlich sind – wie z.B. Kinderspiele, Würfel-, Knobel- oder Brettspiele und sportliche Aktivitäten –, sondern in erster Linie die antiken ludi. Zu diesen mit riesigem Aufwand betriebenen Veranstaltungen gehörten im Wesentlichen die ludi scaenici (Bühnenaufführungen), die ludi circenses (Zirkusspiele), die munera (Gladiatorenkämpfe), die venationes (Tierhetzen) und die seltenen naumachiae (Seeschlachten).

Es existierte ein flächendeckendes, engmaschiges Netz von Unterhaltungsstätten, das sich über das ganze Imperium erstreckte. Die Spieltermine konnte man dem offiziellen Festkalender entnehmen – im Jahr 354 n. Chr. z.B. gab es insgesamt 176 offizielle Spieltage! Die Begeisterung und die Vorfreude des Publikums waren groß, was man sowohl den zahlreichen Maueraufschriften als auch literarischen Zeugnissen entnehmen kann.

Die zahlenmäßig größte „Abteilung" stellten die Bühnenaufführungen dar, deren Ursprünge im 3. Jh. v. Chr. liegen, wo man in Süditalien griechische Theaterstücke sah und begann, diese in lateinischer Bearbeitung aufzuführen. Der ursprünglich religiöse Charakter der Theateraufführungen der Griechen spielte bei den Römern keine Rolle mehr. Das erste gemauerte Theater (das also nicht sofort nach Abschluss der Darbietungen wieder abgerissen wurde) war das Theater des Pompejus, das 55 v. Chr. fertiggestellt wurde und über 10 000 Sitzplätze verfügte.

Die Sitzordnung im Theater und in der Arena richtete sich nach den Gesellschaftsschichten: In den ersten drei Reihen saßen Priester und Senatoren, dann kamen zehn bis vierzehn Reihen Ritter, dahinter saß das einfache Volk und zuoberst gab es Holzgerüste für Frauen. Der Besuch der tagsüber stattfindenden und mehrere Stunden dauernden Aufführungen war kostenlos und die Zuschauer fanden sich meist schon in der Nacht vorher ein, um sich die besten Plätze zu sichern.

Fast ebenso häufig fanden Zirkusspiele statt, die bekanntesten natürlich im Circus Maximus, der bereits in der römischen Königszeit angelegt wurde und nach zahlreichen Umbauten seit der Zeit Neros Platz für 250 000 Zuschauer bot. Im Vordergrund standen dabei die Wagenrennen, der Zirkus wurde aber auch für Pferderennen, Reiterkämpfe, Gladiatorenspiele und Tierhetzen genutzt. Auch bei diesem gesellschaftlichen Großereignis war der Eintritt frei und das Publikum nahm geradezu fanatisch daran teil, was einerseits an seiner Wettleidenschaft lag, andererseits an seiner Parteinahme für bestimmte factiones („Rennställe"), denen die Wagenlenker bzw. ihre Gespanne angehörten. Dabei favorisierte zum Beispiel das Kaiserhaus die grüne factio, die Opposition die rote, Senat und Adel die blaue.

Die factiones im Zirkus boten den Zuschauern aus allen Bevölkerungsschichten die Möglichkeit zur Identifikation und zur Kanalisation von Emotionen. Die Durchführung von Spielen durch die Beamten war auch ein Mittel, das Volk ruhigzustellen und von Protesten abzuhalten. Die Spiele dienten den Mächtigen also auch zur Steigerung ihrer Popularität und zur Sicherung ihrer Position.

Die Zirkusspiele erfreuten sich über Jahrhunderte (das letzte Wagenrennen erfolgte durch den Gotenkönig Totila im Jahr 549) größter Beliebtheit, übertroffen nur noch von den weniger oft stattfindenden (weil aufwendigeren) Gladiatorenkämpfen und Tierhetzen in der Arena.

Am berühmtesten unter den Arenen ist das Flavische Amphitheater, besser bekannt als Kolosseum, das um die Mitte des 1. Jh. n. Chr. errichtet wurde. Seine ellipsenförmige Kampffläche hatte eine maximale Breite von 54 und eine maximale Länge von 86 Metern, es war sieben Meter tief unterkellert, hatte 66 Ausgänge und bot 50 000 Zuschauern Platz. Für besonders heiße Tage konnten sogar Sonnensegel aufgezogen werden.

Die **munera gladiatoria** erscheinen uns heute extrem grausam, zumal wenn man bedenkt, dass die Römer stets noch nach Steigerungen des Nervenkitzels bzw. nach noch ausgefalleneren Darbietungen verlangten. Was uns heute besonders pervers erscheint, fanden die Römer einfallsreich und pikant, z.B. Zwerge oder Frauen als Kämpfer oder eine Art „Reality-Mythos": Hierbei wurden berühmte Szenen aus Mythos oder Literatur nachgespielt, z.B. Ikarus, der vor den Augen der Zuschauer in die Arena fiel und mit zerschmetterten Gliedern liegen blieb. Das Volk durfte noch bis ins 6. Jh. n. Chr. hinein **panem et circenses** (Juvenal 10, 81) verlangen: Die letzten Tierhetzen fanden erst 529 statt.

Seltener gab es Seeschlachten sowie sportliche Spiele und Wettkämpfe, die in Rom erst unter Augustus aufkamen und die nie so populär wurden wie die anderen Spiele. Seit der Zeit Neros gab es auch Schauwettkämpfe professioneller Athleten im Stadion (**certamina Graeca**): Besonders beliebt waren dabei Kämpfe der Schwerathleten, also vor allem der Boxer und Ringer, die oft eher Show als Sportereignis waren.

Schauspieler bereiten eine Theateraufführung vor. Römisches Mosaik aus der Casa del Poeta Tragico in Pompeji. 1. Jh. n. Chr. Neapel, Museo Archeologico Nazionale.

Spiele und Freizeit

1 Informieren Sie sich in einem Nachschlagewerk über die **ludi scaenici** (Bühnenaufführungen), die **ludi circenses** (Zirkusspiele) sowie über die **munera** (Gladiatorenkämpfe) und die **venationes** (Tierhetzen). Achten Sie dabei besonders auf die Akteure und den genauen Ablauf der Veranstaltungen und bereiten Sie eine kleine Präsentation vor.

2 Beschreiben Sie die Details der Bühnenspiele, die Sie auf dem Bild S. 92 erkennen.

Otium cum dignitate?
Die Spiele aus der Sicht des Intellektuellen

C. Plinius Calvisio suo s.

Omne hoc tempus inter pugillares ac libellos iucundissima quiete

transmisi. „Quemadmodum", inquis, „in urbe potuisti?" Circenses

erant, quo genere spectaculi ne levissime quidem teneor.

Nihil novum, nihil varium, nihil, quod non semel spectasse sufficiat.

Quo magis miror tot milia virorum tam pueriliter identidem cupere

currentes equos, insistentes curribus homines videre. Si tamen aut

velocitate equorum aut hominum arte traherentur, esset ratio non

nulla; nunc favent panno, pannum amant, et si in ipso cursu

medioque certamine hic color illuc, ille huc transferatur, studium

favorque transibit, et repente agitatores illos, equos illos, quos procul

noscitant, quorum clamitant nomina, relinquent.

Tanta gratia, tanta auctoritas in una vilissima tunica, mitto apud

vulgus, quod vilius tunica, sed apud quosdam graves homines. Quos

ego cum recordor in re inani, frigida, assidua tam insatiabiliter

desidere, capio aliquam voluptatem, quod hac voluptate non capior.

Ac per hos dies libentissime otium meum in litteris colloco, quos alii

otiosissimis occupationibus perdunt. Vale!

Plinius, Epistulae 9,6

[1] **Calvīsius:** → *EV*
[2] **pugillārēs, ium** *Pl.* Schreibtafel
[3] **trānsmittere** *(Perf.* trānsmīsī*)* verbringen
... in urbe <hoc facere> potuistī
circēnsēs, ium Zirkusspiele
[5] **semel** einmal **spectā<vi>sse |**
sufficere ausreichen
[6] **puerīlis, e** kindisch **identidem** immer wieder
[7] **īnsistere** *m. Dat.* sich stellen auf
[8] **vēlōcitās, ātis** Schnelligkeit
[8/9] **nōn nūlla** ~ aliqua
[9] **pannus** ein Stück Tuch *(d.h. die Tunika des Wagenlenkers, die eine bestimmte Farbe hat)*
[10] **certāmen, inis** *n* Wettkampf **color** *m* Farbe **trānsferre** übertragen
[11] **favor** Publikumsgunst **agitātor, ōris** *m* Wagenlenker
[12] **nōscitāre** erkennen **clāmitāre** laut schreien
[14] **vīlis, e** billig
[13/14] *Tanta grātia ... tunicā <est>, <o>mittō apud vulgus, quod vīlius <quam> tunica <est>, sed apud ... hominēs.*
[15] **recordārī** bedenken **frīgidus** *hier:* unwichtig **assiduus** eintönig **īnsatiābilis, e** unersättlich
[16] **dēsidēre** müßig dasitzen
[18] **ōtiōsus** überflüssig

Kommunikation im Brief – Cicero und Plinius

1 Zeigen Sie auf, worin sich die Haltung des Plinius von der seiner meisten Zeitgenossen unterscheidet.

2 Erläutern Sie, wie Plinius durch die sprachlich-stilistische Gestaltung des Briefs den Gegensatz zwischen seiner Auffassung von Freizeitgestaltung und der der breiten Masse deutlich macht.

3 Was ist typisch für das Verhalten der Menge bei solchen Veranstaltungen? Erläutern Sie, was Plinius dabei besonders stört, und zeigen Sie auch, wie er das zweifelhafte Vergnügen der Zuschauer durch sprachlich-stilistische Mittel abwertet.

M6 Ganz Rom ist heute im Zirkus

Heute fasst die ungeheure, ja wenn ich so sagen darf, übergroße Masse des Pöbels, ja ganz Rom, der Zirkus. Geschrei dröhnt mir in die Ohren: Ich schließe daraus, dass die Grünen gewonnen haben. Hätten sie nämlich verloren, so sähest du unsere Stadt in tiefster Depression, wie nach der Schlacht im Staub bei Cannae, als die Konsuln geschlagen wur-

den. Mögen junge Männer das sehen, denen Geschrei und kühne Wetten besser ziemen und neben aufgeputzten Mädchen zu sitzen; unsere runzlige Haut soll die Frühjahrssonne in sich aufnehmen, und wir brauchen keine Toga zu tragen.

Juvenal, Satire 11,197-204. Ü: Juvenal. Satiren, Übersetzung, Einführung und Anhang von Harry C. Schnur, Stuttgart (Reclam) 1969, S. 124 f.

M7 Beim Wagenrennen

Non ego nobilium sedeo studiosus equorum;

    cui tamen ipsa faves, vincat ut ille, precor.

3 Ut loquerer tecum veni, tecumque sederem,

    ne tibi non notus, quem facis, esset amor.

Tu cursus spectas, ego te; spectemus uterque

6   quod iuvat, atque oculos pascat uterque

            suos.

O, cuicumque faves, felix agitator equorum!

9   ergo illi curae contigit esse tuae?

Hoc mihi contingat!

Ovid, Amores 3,2,1 ff.

Ich sitze hier nicht als Liebhaber edler Pferde; doch wünsch ich dem den Sieg, dem du gewogen bist. Um mit dir zu sprechen, bin ich gekommen, um bei dir zu sitzen, damit dir die Liebe, die du erweckst, nicht unbekannt bleibt. Du betrachtest das Rennen, ich dich: Soll jeder das ansehen, was ihm Freude macht, und seine Augenweide haben. O selig der Wagenlenker, den du bevorzugst; er hat also das Glück, dass du dich um ihn sorgst. Hätte ich dieses Glück!

P. Ovidius Naso. Amores/Liebesgedichte, übersetzt und herausgegeben von Michael von Albrecht, Stuttgart (Reclam) 1997, S. 121

1 Benennen Sie die Parallelen zwischen Plinius' Einstellung (**T19**) und dem Ausschnitt aus einer Satire des Dichters Juvenal (**M6**).

2 Nennen Sie den Grund für Ovids Zirkusbesuch (**M7**).

Spiele und Freizeit

3 Legen Sie eine Tabelle mit zwei Spalten an und tragen Sie ein: Was wird in **M8** vom Sprecher als positiv, was als negativ hervorgehoben?

4 Zeigen Sie auf, welche grundsätzliche Einstellung zu den Gladiatorenspielen in **M8** deutlich wird.

Ein Schlachtfest mitten in der Arena

In Petrons Roman „Satyricon" unterhalten sich die Gäste eines Gastmahles, allesamt Freigelassene, über die Spiele, und zwar in recht derber Sprache. Einer äußert sich so:

„Und vergesst nicht, dass es in drei Tagen ein Fest gibt und dass es was zu sehen gibt; keine Gladiatoren, lauter Freie. Unser Titus[1] will uns zeigen, was er kann. Und er kann etwas: So oder so wird es etwas zu sehen geben. Ich kenne ihn. Er ist bestimmt kein Narr. Es wird eine anständige Schlägerei geben, kein Kneifen: ein Schlachtfest mitten in der Arena, dass man auch von der Tribüne aus etwas sehen kann. Er hat, was er braucht: Sein Vater hinterließ ihm nach seinem Tode – Pech gehabt – dreißig Millionen. Wenn er nur vierhunderttausend davon opfert, macht es ihm nicht viel aus, und die Leute werden trotzdem noch lange davon reden.

Er hat schon ein paar wilde Kerle, ein Weib, das auf einem Wagen kämpfen wird, und den Kassierer des Glykon, der erwischt wurde, wie er der Frau seines Herrn ein bisschen zu gefällig war. Da werden sich die Leute in die Haare geraten. Die Partei der Ehemänner gegen die Partei der Galane! Glykon ist ein Trottel. Er lässt den Kassierer den Tieren vorwerfen. [...]

Aber was hat uns Norbanus[1] denn schon groß geboten? Ein paar Hungerleider von armseligen Gladiatoren, die jedes Lüftchen umbläst; ich habe schon besseres Arenafutter gesehen. Ein paar Betthelden haben sich gezankt wie die Gockelhähne; ein Hosenscheißer, ein Klumpfuß und ein Nervenbündel als Ersatzmann, der schon beim Zusehen halb tot umfiel. Nur ein Thraker sah noch einigermaßen nach etwas aus, aber auch den musste man zum Kampf brüllen. Am Schluss hatten alle ihre Prügel bekommen; je mehr sie das Volk gegeneinander aufhetzte, desto schneller rannten sie davon. ‚Ich habe euch ein Schauspiel gegeben', hat er gesagt. ‚Und wir haben Beifall geklatscht! Wenn du nachrechnest, bist du uns noch was schuldig. Eine Hand wäscht die andere.'"

Petron, Satyricon 45,5ff. Ü: Petron. Satyrikon, übersetzt von Carl Fischer, München (dtv) 1983, S. 57 f.

[1] Organisator von Spielen

Gladiatorenkampf. Römisches Mosaik. 3. Jh. n. Chr. Rom, Galleria Borghese.

95

Denken und Handeln – Texte zur Philosophie

Ein philosophisches Gespräch. Relief auf einem römischen Sarkophag der Kaiserzeit. Vatikan, Museo Gregoriano Profano.

Warum haben sich die Römer mit Philosophie beschäftigt? Wenn Zeitreisen möglich wären, bräuchten wir nicht nach einer Antwort zu suchen, sondern könnten sie von ihnen selbst erfahren. Vielleicht wäre es dann möglich, einen römischen Philosophen, vielleicht sogar Seneca, den wohl bedeutendsten unter ihnen, zu fragen. Wer, wenn nicht er, sollte eine Antwort auf diese Frage geben können? So könnte z.B. folgendes Gespräch zwischen einem modernen Schüler, sagen wir, einem 15- oder 16-jährigen, der im Lateinunterricht bereits ein wenig von Seneca gelesen hat, und Seneca selbst stattgefunden haben:

Seneca: Den Begriff „Philosophie" soll der Grieche Pythagoras erfunden haben. „Philosoph" bedeutet, wörtlich übersetzt, „weisheitsliebend" oder „Weisheitsfreund". Die Weisheit ist also unser Ziel. Deshalb betreiben wir Philosophie nie nur zum Zeitvertreib. Sie formt und prägt uns, sie ordnet unser Leben, sie lenkt uns durch alle Gefahren, sie nimmt uns die Angst und bietet uns Rat in schwierigen Situationen. Meinst du nicht auch, dass eine solche Kunst, die das Leben der Menschen so sehr bereichert, mit allen Kräften betrieben werden muss?

Schüler: Bitte, sprich nicht so hochgestochen, auch wenn du aus deinen eigenen Schriften zitierst. Die Stelle aus deinen *Epistulae morales* kenne ich nämlich, die haben wir im Lateinunterricht schon einmal übersetzt. Ich glaube, sie steht im 16. Brief. Aber du bist nicht Sokrates, und deshalb brauchst du mir auch nicht solche Fang- und Scheinfragen in den

Warum haben sich die Römer mit Philosophie beschäftigt?

Mund zu legen, wie sie Sokrates seinen Schülern so gern stellte. Ich möchte auch nicht antworten müssen: „Ja so ist es, o Sokrates!" oder „Wie denn auch nicht, o Sokrates!" Wenn ich deine Texte im Lateinunterricht richtig verstanden habe, warst doch gerade du immer der Ansicht, dass Philosophie sich mit Problemen des täglichen Lebens beschäftigen müsse. Habt ihr Römer nicht immer gesagt: „Primum vivere, deinde philosophari", also: „Erst kommt das Leben, dann das Philosophieren"? Zumindest hat unser Lateinlehrer das immer erzählt.

Seneca: Ja, ja, du hast ja recht! Aber es war so schön, einmal den griechischen Philosophen spielen zu dürfen. Ich hätte das allerdings wirklich lassen sollen, denn zwischen uns Römern und den Griechen gibt es gerade in der Philosophie einen gewaltigen Unterschied. Um den zu erklären, muss ich allerdings doch ein bisschen weiter ausholen.

Die griechische Kultur war schon immer besonders der Theorie und den Künsten zugeneigt, wir Römer dagegen sind eher Praktiker. Griechen wie Pythagoras, Thales, Euklid haben z.B. mathematische Gesetze entdeckt, wir haben diese Gesetze übernommen, angewandt und damit Straßen oder Aquädukte gebaut. Unsere Vorfahren haben sich nie viele Gedanken darüber gemacht, wie die Welt aufgebaut ist oder wie sie leben sollten, sie haben eher Schlachten geschlagen oder Politik gemacht (was für sie oftmals fast das Gleiche war).

Als wir aber ein riesiges Imperium erobert hatten und fast der gesamte Mittelmeerraum in unserer Hand war, kamen uns erstmals Zweifel, was wir nun machen sollten und ob wir bisher alles richtig gemacht hätten.

Wir hatten ja auch Griechenland erobert und waren dadurch in engen Kontakt gekommen mit der griechischen Kultur und Philosophie. Das war für uns Römer eine Art von Kulturschock. Militärisch hatten wir die Griechen besiegt, aber den „Stars" ihrer Geisteswelt – Homer, Platon, Aristoteles – hatten wir nicht einmal im Traum etwas entgegenzusetzen. Aber wir Römer waren schon immer sehr lernfähig! In kurzer Zeit haben wir uns die entscheidenden Aussagen der griechischen Philosophie angeeignet. Wir haben von allen Philosophen das Beste übernommen und uns daraus eine eigene Philosophie aufgebaut. „Eklektizismus" nennt man das, und entscheidend war Cicero daran beteiligt. Außerdem

war uns immer wichtig, dass Philosophie nicht abgehoben oder rein theoretisch ist. Sie sollte vielmehr bei der Lösung alltäglicher Probleme helfen.

Schüler: Ich glaube, ich weiß, was du meinst. Bei uns in der Schule gibt es auch das Fach „Praktische Philosophie" bzw. „Ethik". Da werden auch immer ganz konkrete alltägliche Probleme zum Aufhänger für allgemeine Überlegungen genommen.

Seneca: Genauso haben wir Römer immer die Philosophie verstanden. Cicero hat sie einmal personifiziert und angeredet mit den Worten: „O vitae, Philosophia, dux! O virtutis indagatrix expultrixque vitiorum!"

Schüler: Wenn ich das auf die Schnelle richtig verstehe, heißt das ungefähr so viel wie „Führerin des Lebens".

Seneca: Das hast du richtig verstanden. Nach Cicero soll die Philosophie uns im Leben führen und dabei zweierlei leisten: Sie soll uns helfen, unsere Fehler und Schwächen zu erkennen und zu bekämpfen. Und sie soll uns zweitens zeigen, wie wir besser leben können, d.h. wie ein glückliches Leben aussieht und was wir dazu brauchen. Alles andere, vor allem die Spekulationen über den Aufbau des Kosmos, überlassen wir immer noch den Griechen. Unsere Vorstellungen von Philosophie sind viel bescheidener: Nach unserem Verständnis zählt auch jemand wie Diogenes zu den Philosophen.

Schüler: Wie? Diogenes, dieser schräge Kerl soll ein Philosoph gewesen sein? Der hat doch in einer Tonne gelebt, sich zeitweise von Abfall ernährt und alle Leute provoziert! Ich weiß noch, dass er, als die Athener ihn „Hund" nannten, sie angepinkelt haben soll, weil er sagte, wenn sie ihn Hund nennen, dann werde er sich auch wie ein Hund benehmen.

Seneca: Aber selbstverständlich war Diogenes ein Philosoph! Er hatte das gleiche Ziel wie Sokrates, der ja, unter uns gesagt, auch ein seltsamer Vogel gewesen sein soll. Beide wollten mit ihren Lehren und ihrem Beispiel ihre Mitmenschen zum Nachdenken anregen. Diogenes hat dabei zugegebenermaßen zu etwas drastischeren Mitteln gegriffen.

Schüler: Aber wenn du Philosophie so verstehst, ist doch fast jeder ein Philosoph, der uns zum Nachdenken anregt.

Seneca: Nein, so einfach ist es nicht. Ein Philosoph ist für mich zunächst einmal jemand, der sich mit seinem eigenen Dasein nicht einfach abfindet und

97

Denken und Handeln – Texte zur Philosophie

dann darüber nachdenkt, was ihn daran stört, aber auch, was ihm daran vielleicht besonders gut gefällt. Seine Überlegungen versucht er zu verallgemeinern und teilt sie dann anderen mit.

Schüler: Kann ich etwas Zeit haben, um über diese Defintion genauer nachzudenken?

Seneca: Sicher, aber verschwende nicht zu viel Zeit darauf. Zeit ist zu kostbar. Trotzdem lassen wir uns die Zeit oft bereitwillig stehlen. Manche Augenblicke werden dir heimlich entwendet, manche verrinnen einfach. Besonders schlimm ist es, wenn dir die Zeit durch eigene Unaufmerksamkeit entflieht. Kannst du mir einen Menschen nennen, der der Zeit Wert beimisst, der den Tag würdigt, der daran denkt, dass er jeden Tag ein kleines bisschen stirbt! Denn darin täuschen wir uns, dass wir glauben, der Tod liege vor uns. In Wirklichkeit ist ein großer Teil von ihm bereits vorbei. Alles, was hinter uns liegt, hat nämlich der Tod in seiner Gewalt ...

Schüler: Seneca, hör bitte auf, dich selbst zu zitieren. Das wirkt etwas peinlich! Obwohl ich zugeben muss, dass dir gerade dein erster Brief an Lucilius, aus dem du da zitierst, gut gelungen ist.

Seneca: Oh, danke! Aber jetzt denk über die Frage nach, was denn alles für dich unter den Begriff „Philosophie" fällt. Wir können uns ja dann noch einmal darüber unterhalten.

1 Lesen Sie den Text mit verteilten Rollen vor.

2 Arbeiten Sie heraus, welches Verständnis von Philosophie Seneca formuliert. Fassen Sie seine Position möglichst kurz und mit eigenen Worten zusammen.

3 a) Sammeln Sie andere Definitionen von Philosophie (aus Lexika, Philosophiebüchern oder dem Internet) und diskutieren Sie darüber, wie sie sich unterscheiden.
b) Was ist für Sie selbst Philospohie und wer ist ein Philosoph? Welche Definition von Philosophie kommt Ihrer Ansicht am nächsten?

Die Porträts der Philosophen Seneca und Sokrates. Kaiserzeitliche Doppelherme. Berlin, Antikensammlung.

Was lernen wir aus dem Verhalten der Menschen?

Lucius Annaeus Seneca (4 v. Chr.–65 n. Chr.) stammte aus Corduba - dem heutigen Córdoba – in der Provinz Hispania. In Rom schlug er die Laufbahn eines Anwalts ein und wurde schließlich Erzieher und Freund des jungen Nero, der ihn später jedoch als Kaiser der Teilnahme an einer Verschwörung beschuldigte. Ob Seneca tatsächlich an dieser Verschwörung teilgenommen hat, wird wohl nie geklärt werden können. Auf Druck Neros nahm sich Seneca selbst das Leben, um der Todesstrafe zuvorzukommen.

Seneca war ein Anhänger der philosophischen Schule der Stoa, entwickelte aber die Ansichten dieser Schule selbst auch weiter. Vor allem kam es Seneca darauf an, dass der Mensch sein eigenes Leben philosophisch durchdenkt und sich von den daraus gewonnenen Erkenntnissen in der Praxis leiten lässt.

Sein Hauptwerk sind die Briefe an einen gewissen Lucilius, über den wir aber nichts weiter wissen. Jeder dieser Briefe nimmt sich ein Alltagsproblem vor, das von verschiedenen Seiten beleuchtet und am Ende gelöst wird. So ergibt sich im Laufe der Briefe eine Art Lehrbuch der stoischen Philosophie. Manche dieser Briefe sind thematisch miteinander verbunden. So schildert eine Reihe von Briefen die Erlebnisse, die Seneca auf einer Reise nach Baiae hatte. In der Antike hatte sich die Gegend am Golf von Neapel zu einem Erholungsgebiet für reiche Römer entwickelt. Auch Seneca, einer der reichsten Römer seiner Zeit, reiste dorthin und nutzte diese Chance, Lucilius nicht nur von seinen Reiseeindrücken Bericht zu erstatten, sondern die auf dieser Reise gemachten Erlebnisse auch gleich in alltagstaugliche philosophische Ratschläge umzumünzen.

Rekonstruierte Attalos-Stoa in Athen.

Denken und Handeln – Texte zur Philosophie

> **Wortfeld** Fehler, schlechte Eigenschaften
> luxuria, vitium, lībertās
> **Grammatik** nd-Formen, Konjunktiv im Hauptsatz

T1 Wie die Superreichen Urlaub machen – Seneca in Baiae

Seneca erzählt, dass er nach Baiae gefahren sei, es aber schon am nächsten Tag wieder verlassen habe. Ihm sei nicht der Ort oder seine Umgebung zuwider, sondern die Schickeria, die sich in Baiae festgesetzt habe:

Baiae deversorium vitiorum esse coeperunt. Illic sibi plurimum luxuria permittit, illic, tamquam aliqua licentia debeatur loco, magis

3 solvitur. Non tantum corpori, sed etiam moribus salubrem locum eligere debemus. Quemadmodum inter tortores habitare nolim, sic ne inter popinas quidem. Videre ebrios per litora errantes et comessatio-

6 nes navigantium et symphoniarum cantibus strepentes lacus et alia, quae velut soluta legibus luxuria non tantum peccat, sed publicat, quid necesse est? Id agere debemus, ut irritamenta vitiorum quam

9 longissime profugiamus. Indurandus est animus et a blandimentis voluptatum procul abstrahendus. Una Hannibalem hiberna solverunt et indomitum illum nivibus atque Alpibus virum enervaverunt

12 fomenta Campaniae: Armis vicit, vitiis victus est. Nobis quoque militandum est, et quidem genere militiae, quo numquam quies, numquam otium datur: Debellandae sunt imprimis voluptates, quae,

15 ut vides, saeva quoque ad se ingenia rapuerunt. Si quis sibi proposue-rit, quantum operis aggressus sit, sciet nihil delicate, nihil molliter esse faciendum. Quid mihi cum istis calentibus stagnis? Quid cum

18 sudatoriis, in quae siccus vapor corpora exhausurus includitur? Omnis sudor per laborem exeat.

Seneca, Epistulae morales 51,3-6

---

1 **Bāiae, ārum** *Pl.: Seebad bei Neapel* **dēversōrium** Quartier

3 **solvere** *hier:* entfesseln **salūber, bris, bre** günstig *Beachten Sie die Korrespondenz von* quemadmodum *und* sīc.

4 **tortor, ōris** Folterknecht

5 **popīna** Kneipe **ēbrius** Betrunkener **comessātiō, ōnis** Gelage

6 **nāvigāre** *hier:* eine Kreuzfahrt machen **symphōnia** Orchester, Kapelle **cantus, ūs** Klang **strepere** widerhallen

7 **peccāre** (Fehler) begehen **pūblicāre** öffentlich zeigen

5–8 **Ordnen Sie:** *Quid necesse est vidēre ...*

8 **irrītāmentum** Anreiz

9 **profugere** fliehen **indūrāre** abhärten

10 **abstrahere** entfernen **Hannibal, balis:** *karthagischer Feldherr (→ EV)* **hīberna, ōrum** *n Pl.* Winterlager **solvere** *(Perf. solvī) hier:* schwächen

11 **indomitus** unbezwungen **nivēs, ium** *f Pl.* Schneemassen **Alpēs, ium** Alpen **ēnervāre** entkräften

12 **fōmenta, ōrum** Annehmlich-keiten **Campānia:** *Landschaft Italiens (→ EV)*

14 **dēbellāre** niederkämpfen

16 **dēlicātē** *Adv.* verzärtelt

17 **quid mihi <est> cum** was habe ich zu tun mit **calēre** heiß sein **stāgnum** Becken

18 **sūdātōrium** Schwitzbad **siccus** austrocknend **vapor** Dampf **exhaurīre** *(PPP exhaustum)* aussaugen **inclūdere:** *aus* in *und* claudere

19 **sūdor** Schweiß

Was lernen wir aus dem Verhalten der Menschen?

1 Gliedern Sie den Text. Achten Sie dabei vor allem auf den Wechsel zwischen konkreten Beispielen und verallgemeinernden Schlussfolgerungen.

2 Arbeiten Sie heraus, welche sprachlichen und stilistischen Mittel Seneca benutzt, um seine Aussagen wirkungsvoller zu machen.

3 Teilen Sie Senecas Kritik an Baiae? Beziehen Sie bei Ihrer Diskussion dieser Frage auch **M1** und Erscheinungen des modernen Massentourismus mit ein (vgl. Abb.).

J. Maddox Roberts: Das Treiben in Baiae

Das ausschweifende Leben pulsiert dort Tag und Nacht, und das ist nur durch ein Wunderwerk möglich, das in Rom gänzlich unbekannt ist: eine funktionierende Straßenbeleuchtung. In Baiae sorgt eine Schar unermüdlicher Staatssklaven dafür, dass die Leuchten und Fackeln während der dunklen Stunden nie erlöschen... Geradezu legendär sind die festlichen Gelage auf dem Wasser. An den Anlegeplätzen der Bucht ankern in endloser Reihe die Vergnügungsschiffe: von kleinen, für vier bis fünf berauschte Zecher geeigneten Gondeln bis hin zu überdachten Barkassen, auf denen mehrere hundert Gäste Platz finden. Zu herausragenden Anlässen werden etliche von diesen Schiffen in der Mitte der Bucht miteinander verbunden, damit die freien Bürger der Stadt an Bord gehen und gemeinsam feiern können.

John Maddox Roberts: Mord am Vesuv. Ein Krimi aus dem alten Rom, übers. von Bärbel und Arnold Velten, München (Goldmann) [5]2001, S. 36f.

Denken und Handeln – Texte zur Philosophie

> **Sachfeld** positive und negative Eigenschaften
> avāritia, mōs/mōrēs, vītāre, vitium, voluptās
> **Sachfeld** Kampf
> ferrum, interficere, occīdere, pūgnāre, tegere
> **Grammatik** Imperativ, Gerundivum, Fragesätze, ut/nē
> **Stilistik** Merkmale des Briefstils

T2 Psychologie der Masse – Seneca und die Spiele

Menschen verhalten sich anders, wenn sie sich in großen Gruppen bewegen, als wenn sie allein sind. Auch die antiken Philosophen hat das Verhältnis zwischen Individuum und Gemeinschaft interessiert. So beschrieb Aristoteles den Menschen als ein Wesen, das von Natur aus auf die Gemeinschaft mit anderen Menschen hin angelegt ist. Aristoteles nennt den Menschen daher ein **„zóon politikón"**. Umgekehrt jedoch wiesen viele Philosophen immer wieder darauf hin, dass Menschenmassen, wenn sie sich gehen lassen können, etwas Gefährliches darstellen – auch für die Entwicklung des Individuums. Besonders gefährlich ist nach Seneca der Besuch einer entfesselten Menschenmenge, wie man sie im antiken Rom bei den Gladiatorenkämpfen antreffen konnte (vgl. S. 92 ff.).

Seneca Lucilio suo salutem.

Quid tibi vitandum praecipue existimes, quaeris? Turbam. Nondum
3 illi tuto committeris. Ego certe confitebor imbecillitatem meam:
Numquam mores, quos extuli, refero; aliquid ex eo, quod composui,
turbatur; aliquid ex iis, quae fugavi, redit. ...
6 Inimica est multorum conversatio: Nemo non aliquod nobis vitium
aut commendat aut imprimit aut nescientibus allinit. Utique quo
maior est populus, cui miscemur, hoc periculi plus est. Nihil vero tam
9 damnosum bonis moribus quam in aliquo spectaculo desidere; tunc
enim per voluptatem facilius vitia subrepunt. Quid me existimas
dicere? Avarior redeo, ambitiosior, luxuriosior – immo vero crudelior
12 et inhumanior, quia inter homines fui.
Casu in meridianum spectaculum incidi lusus expectans et sales et
aliquid laxamenti, quo hominum oculi ab humano cruore ac-
15 quiescant. Contra est. Quidquid ante pugnatum est, misericordia fuit;
nunc omissis nugis mera homicidia sunt. Nihil habent, quo tegantur;
ad ictum totis corporibus expositi numquam frustra manum mittunt.

1 *salūtem ⟨dīcit⟩*
2 *vītandum ⟨esse⟩*
praecipuē *Adv.* besonders
3 **tūtō:** *Adv.* **imbēcillitās, ātis** *f*
Schwäche
6 **conversātiō** *f* Umgang
7 **commendāre** schmackhaft
machen **imprimere** einprägen
aut ⟨nōbīs⟩ nescientibus
allinere anhängen
7/8 **quō ... hōc** ~ quō ... eō
9 **damnōsus** schädlich
10 **subrēpere** sich heimlich
einschleichen
11 **avārus** gierig **ambitiōsus**
ehrgeizig **luxuriōsus**
ausschweifend
12 **in-hūmānus**
13 **merīdiānus** mittäglich
incidere *(Perf.* incidī): in +
cadere **sal, salis** Salz; *Pl.* Witze
14 **laxāmentum** Erholung
acquiēscere zur Ruhe kommen
15 **contrā** *Adv. hier:* gerade
umgekehrt
16 **nūgae, ārum** Possen,
Kleinigkeiten **mera homicīdia**
reiner Mord
⟨gladiātōrēs⟩ ... habent
17 **ictus, ūs** Stoß, Hieb
expōnere *(PPP* expositum)
aussetzen

Was lernen wir aus dem Verhalten der Menschen?

18 Hoc plerique ordinariis paribus et postulaticiis praeferunt. Quidni
praeferant? Non galea, non scuto repellitur ferrum. Quo munimenta?
Quo artes? Omnia ista mortis morae sunt. Mane leonibus et ursis

21 homines, meridie spectatoribus suis obiciuntur. Interfectores interfec-
turis iubent obici et victorem in aliam detinent caedem; exitus
pugnantium mors est. Ferro et igne res geritur. Haec fiunt, dum vacat

24 arena.

„Sed latrocinium fecit aliquis, occidit hominem.“ Quid ergo? Quia
occidit, ille meruit, ut hoc pateretur. Tu quid meruisti miser, ut hoc

27 spectes? „Occide, verbera, ure! Quare tam timide incurrit in ferrum?
Quare parum audacter occidit? Quare parum libenter moritur? Plagis
agatur in vulnera, mutuos ictus nudis et obviis pectoribus excipiant!“

30 Intermissum est spectaculum: „Interim iugulentur homines, ne nihil
agatur!“ Age, ne hoc quidem intellegitis mala exempla in eos redunda-
re, qui faciunt? ...

33 Subducendus populo est tener animus et parum tenax recti; facile
transitur ad plures. ... Unum exemplum luxuriae aut avaritiae multum
mali facit. ... Quid tu accidere his moribus credis, in quos publice

36 factus est impetus? Necesse est aut imiteris aut oderis. Utrumque
autem vitandum est, neve similis malis fias, quia multi sunt, neve
inimicus multis, quia dissimiles sunt.

39 Recede in te ipse, quantum potes! Cum his versare, qui te meliorem
facturi sunt, illos admitte, quos tu potes facere meliores! Mutuo ista
fiunt, et homines, dum docent, discunt.

Seneca, Epistulae morales 7,1-8

---

18 ōrdinārius gewöhnlich **pār, paris** *hier Subst.:* Paar **postulātīcius** verlangt **quidnī** *mit Konj.* wie sollten sie nicht ...
19 **galea** Lederhelm **scūtum** Lederschild **quō** *hier:* wozu? **mūnīmentum** Schutzmittel
20 **ursus** Bär
21 **interfector, ōris** Schlächter
22 **dētinēre in** *m. Akk.* aufsparen für
23 **vacāre** leer sein
24 **arēna:** *vgl. Fw.*
25 **latrōcinium** Diebstahl
27 **verberāre** (zu)schlagen **ūrere** verbrennen **timidē** *Adv.* ängstlich **in-currere**
28 **audācter** *Adv.* mutig **plāga** Peitschenhieb
29 **agere in** *m. Akk.* anstacheln zu **mūtuus** wechselseitig **obvius** gegeneinander gerichtet
30 **intermittere** *(PPP intermissum)* unterbrechen **iugulāre** erdrosseln
31 **age** nur zu, weiter so *(ironisch)* **redundāre in** zurückfallen auf
33 **subdūcere** entziehen **tener, era, erum** ungefestigt **tenāx, ācis** *m. Gen.* fähig etw. festzuhalten
36 *necesse est <,ut>*
37 **nēve ... nēve** damit weder ... noch
38 **dissimilis, e** unähnlich
39 **re-cēdere | versāre:** *Imp. Sg.* zu **versārī** sich abgeben
40 **mūtuō** *Adv.* wechselseitig, gegenseitig

---

1 Welcher gedankliche Aufbau lässt sich in Senecas Argumentation erkennen?

2 Untersuchen Sie, welche Haltung Seneca zu den Gladiatorenkämpfen einnimmt. Erklären Sie in diesem Zusammenhang besonders Senecas inhaltlich und stilistisch zugespitzte Formulierung „inhumanior [redeo], quia inter homines fui“ (Z. 12).

3 Auch heute wird von vielen die Behauptung erhoben, dass das „Konsumieren" von zu viel Gewalt zur Verrohung der Sitten beitrage.

a) Stellen Sie zusammen, in welchen Bereichen des heutigen Lebens diese Behauptung aktuell diskutiert wird.

b) Nehmen Sie sich einen Bereich aus a) heraus und listen Sie die Argumente der unterschiedlichen Positionen auf. Wo erkennen Sie Parallelen oder Unterschiede zu **T2**?

c) Stimmen Sie Seneca zu oder nicht? Diskutieren Sie über diese Frage und berücksichtigen Sie bei Ihrer Diskussion auch **M2** und **M3**.

4 In dem Brief über seinen Besuch in Baiae erzählt Seneca ebenfalls von Erlebnissen mit Menschenansammlungen (**T1**). Diskutieren Sie, ob sich Senecas Erlebnisse mit aktuellen Erscheinungen vergleichen lassen.

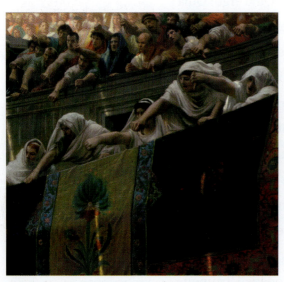 

Jean-Léon Gérôme: Pollice verso. 1872. Phoenix (Arizona), Phoenix Art Museum. Zwei Detailausschnitte.

M2 Der Einzelne in der Masse

Der Mensch war als einzelner vielleicht ein gebildetes Individuum, in der Masse ist er ein Triebwesen, also ein Barbar. [...] In seinen Handlungen weicht das Glied der Masse von seinem normalen Ich ab. So wird der Geizige zum Verschwender, der Zweifler zum Gläubigen, der Ehrenmann zum Verbrecher, der Hasenfuß zum Helden.

Gustave le Bon/Peter R. Hofstätter: Psychologie des foules (1895); dt.: Psychologie der Massen, übers. von Rudolf Eisler, Stuttgart (Kröner) [15]1982, S. 17

M3 Sport und Aggression

Sport wird von Verhaltensforschern als sozial akzeptables Mittel aufgefasst, aggressive Triebe bzw. Instinkte abzureagieren. Da Aggression nach dieser Auffassung als unvermeidlich gilt, weil biologisch im Menschen angelegt, wird der Kanalisierung von Aggression durch Sport große Bedeutung zugesprochen. Sport und insbesondere Sportwettkämpfe dienten dazu, aggressive Energien, die sonst zwangsläufig zerstörerisch eingesetzt würden, so abzuleiten, dass sie (aufgrund des sportlichen Regelwerks) keine schädliche Wirkung haben.

Dorothee Bierhoff-Alfermann: Sportpsychologie, Stuttgart (Kohlhammer) [1]1986, S. 224

Wie ist die Welt aufgebaut?

Die Philosophie umfasste nach antiker Auffassung im Wesentlichen drei Teilgebiete: Physik, Logik und Ethik. Unter Physik verstand man die Frage nach dem Aufbau der sichtbaren und unsichtbaren Welt, Logik bezeichnet die Lehre vom logisch geordneten Denken, die Ethik versucht zu klären, wie der Mensch leben soll. Während in der römischen Philosophie immer die Ethik im Vordergrund stand, galt in Griechenland die Physik als wichtigste aller philosophischen Diziplinen. Denn die griechischen Philosophen waren überzeugt, dass man zunächst den Aufbau des Universums und der uns umgebenden Welt verstanden haben müsse, bevor man daraus ableiten könne, wie ein „richtiges" bzw. „gutes" Leben aussieht.

I1 Antike Physik: Atome, Zufall und Vorsehung

Physikalische Fragen standen am Anfang der griechischen Philosophie. Die ersten Philosophen lebten im kleinasiatischen Ionien (in der heutigen Türkei) und beschäftigten sich vor allem mit der Frage, aus welchem Urstoff (griech. arché) die Welt entstanden sei. Nachdem Thales, Anaximander oder Anaximenes im 7./6. Jh. v. Chr. das Wasser, die Luft, das Feuer oder das Unendliche zum Urstoff erklärt hatten, entwickelten Leukipp und Demokrit im 5. Jh. v. Chr. den Atomismus. Sie erklärten, dass es nicht einen einzigen Urstoff gebe, aus dem alles zusammengesetzt sei, sondern dass im Gegenteil alles aus winzig kleinen, unteilbaren Teilchen (griech. **átoma**) bestehe, die sich jeweils nur immer anders zusammenfinden. Der bekannteste „Atomist" der Antike ist Epikur (341–270 v. Chr.), der die Lehren Leukipps und Demokrits aufnahm und weiterentwickelte. Die Atomisten wurden in der Antike oft nicht ernst genommen, hauptsächlich deswegen, weil ihre Theorie der Anschauung völlig zu widersprechen schien: Kein Atomist konnte jemals einem Kritiker seine Atome zeigen.

Die heftigste Kritik musste Epikur jedoch für seine Behauptung einstecken, die Bewegung der Atome und ihre Zusammenstöße erfolgten zufällig und seien nicht vorhersehbar. Hinter dieser Lehre lagen sehr viel grundsätzlichere Fragen: Epikur war überzeugt, dass weder die Götter noch eine andere übernatürliche Macht in das Geschehen auf der Erde eingriffen. Da es nach seiner Auffassung also nichts gibt, das eine Entwicklung steuern kann, muss logischerweise alles dem Zufall überlassen sein. Insbesondere die Philosophenschule der Stoiker kritisierte diese Weltsicht und glaubte, dass alles im Universum seine vorherbestimmte Ordnung habe. Alles sei lange vorher schon von den Göttern oder dem Schicksal (**fatum**) festgelegt.

3 Alles kommt, wie es kommen muss!

Hiems frigora adducit: Algendum est. Aestas calores refert: Aestuandum est. Intemperies caeli valetudinem temptat: Aegrotandum est.
3 Et fera nobis aliquo loco occurret et homo, perniciosior feris omnibus. Aliud aqua, aliud ignis eripiet. Hanc rerum condicionem mutare non possumus. Illud possumus: Magnum sumere animum et viro bono
6 dignum, quo fortiter fortuita patiamur et naturae consentiamus.

[1] **frīgora** n Pl. kalte Tage **algēre** frieren **calor, ōris** Wärme

[1/2] **aestuāre** unter der Hitze leiden

[2] **intemperiēs caelī** extreme Wetterlage **aegrōtāre** krank sein

[3] **fera** wildes Tier **perniciōsus** verderblich

[5] **sūmere** *hier:* sich etw. zu eigen machen

[6] **fortuīta, ōrum** Zufälligkeiten **cōnsentīre** *m. Dat.* im Einklang sein mit

Natura autem hoc, quod vides, regnum mutationibus temperat: Nubilo serena succedunt; turbantur maria, cum quieverunt; flant invicem venti; noctem dies sequitur; pars caeli consurgit, pars mergitur. Contrariis rerum aeternitas constat.

Ad hanc legem animus noster aptandus est, hanc sequatur, huic pareat! Et, quaecumque fiunt, debuisse fieri putet, nec velit obiurgare naturam! Optimum est pati, quod emendare non possis, et deum, quo auctore cuncta proveniunt, sine murmuratione comitari. Malus miles est, qui imperatorem gemens sequitur. Quare impigri atque alacres excipiamus imperia, nec deseramus hunc operis pulcherrimi cursum, cui, quidquid patiemur, intextum est!

Seneca, Epistulae morales 107,6-10

[7] mūtātiō, ōnis Veränderung
[8] nūbilum trübes Wetter serēnum sonniger Tag flāre wehen
[9] invicem Adv. inkonstant, unberechenbar cōn-surgere aufgehen mergī untergehen
[10] contrāria n. Pl. Gegensätze aeternitās Ewigkeit
[11] aptāre anpassen
[12] Et putet <ea>, quaecumque fīunt, fierī dēbuisse. obiūrgāre kritisieren
[13] ēmendāre verbessern
[14] prōvenīre entstehen murmurātiō, ōnis Murren comitārī begleiten
[15] gemere klagen impiger, gra, grum unverdrossen alacer, cris, cre freudig
[16] opus pulcherrimum hier: die ganze Welt, der Kosmos cursus hier: Entwicklung
[17] intextus eingewebt

1 Diskutieren Sie darüber, ob dem Menschen nach **T3** noch eine Entscheidungsfreiheit bleibt.

2 Nennen Sie die sprachlich-stilistischen Mittel, die Seneca einsetzt, um seine Aussagen zu unterstützen (vgl. S. 121 f.).

3 Seit dem antiken Ödipus-Stoff hat die Frage „Kann man dem Schicksal entfliehen?" die Menschen immer wieder fasziniert. Sammeln Sie Beispiele für Theaterstücke, Bücher und Filme, in denen die Frage behandelt wird, ob man der vorherbestimmten Zukunft entkommen kann. Welche „Lösungen" werden dort gefunden?

4 Seneca verdichtet seine Auffassung in dem Satz: „Ducunt volentem fata, nolentem trahunt" („den Willigen führt das Schicksal, den Unwilligen zieht es mit"). Stimmen Sie dieser Auffassung zu oder glauben Sie, dass jeder Mensch sein Schicksal frei bestimmen kann? Berücksichtigen Sie bei Ihrer Antwort auch die Abbildung rechts.

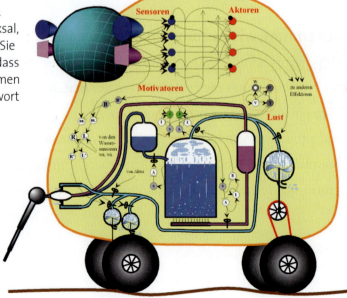

*Der Psychologe Dietrich Dörner (*1938) beschreibt in seinem Buch „Bauplan für die Seele" den Menschen als informationsverarbeitendes System, das nach Regelkreisen funktioniert. Ein solches Modell stellte er in der Computersimulation „PSI" nach.*

Wie ist die Welt aufgebaut?

T4 Lukrez: Das Unsichtbare

Epikur selbst hat kaum längere Texte hinterlassen. Das meiste, was wir über seine Lehre wissen, entnehmen wir oft nur den – teilweise verfälschenden – Darstellungen seiner Kritiker (vgl. z. B. **T5**). Die längste zusammenhängende Darstellung seiner Lehre, die von einem seiner Anhänger verfasst wurde, stammt von dem römischen Dichter Lukrez (vgl. **M4**).
In dem folgenden Text versucht Lukrez einen der Hauptkritikpunkte zu entkräften, den die Gegner Epikurs immer wieder gegen den Atomismus vorbrachten: Es könne keine Atome geben, da man sie nicht sieht.

Tum porro varios rerum sentimus odores,
nec tamen ad nares venientes cernimus umquam.
300 Nec calidos aestus tuimur, nec frigora quimus
usurpare oculis, nec voces cernere suemus.
Quae tamen omnia corporea constare necesse est
303 natura, quoniam sensus impellere possunt;
tangere enim et tangi, nisi corpus, nulla potest res.
Denique fluctifrago suspensae in litore vestes
306 uvescunt, eaedem dispansae in sole serescunt.
At neque, quo pacto persederit umor aquae,
visumst nec rursus, quo pacto fugerit aestu.
309 In parvas igitur partes dispergitur umor,
quas oculi nulla possunt ratione videre.

Lukrez, De rerum natura 1, 298–310

298 **tum porrō** außerdem **odor, ōris** m Geruch
299 **nārēs, nārium** Nase
300 **calidus** glühend **tuimur ~ tuēmur quīre** können
301 **ūsūrpāre** wahrnehmen **<cōn>suē<vī>mus**
302/303 **corporeā ... nātūrā** Abl. aus einem festen Grundstoff
303 **impellere** reizen
305 **dēnique** hier: außerdem **flūctifragus** Wellen brechend **suspendere** (PPP suspēnsum) aufhängen
306 **ūvēscere** feucht werden **dispandere** (PPP dispānsum) ausbreiten **serēscere** trocknen
307 **quō pactō** auf welche Weise **persīdere** (Perf. persēdī) eindringen **ūmor** Feuchtigkeit
309 **dispergī** sich verflüchtigen

1 Lukrez hatte dem Leser versprochen, „trockene" Wissenschaft mit „Musenhonig" versüßen zu wollen (vgl. **M4**). So benutzt er z. B. in v. 305 das seltene, hochpoetische Adjektiv **fluctifragus** und ahmt in v. 306 das flirrende Sonnenlicht durch die s-Alliteration (**dispansae in sole serescunt**) nach. Analysieren Sie **T4** stilistisch (vgl. S. 121 f.) und nehmen Sie dann Stellung zu der Frage, ob eine so poetische Gestaltung zu einem so abstrakten, technischen Inhalt passt. Recherchieren Sie, ob es auch moderne Beispiele für wissenschaftliche Texte in poetischer Form gibt.

2 In **T3** und **T4** haben Sie zwei Texte kennengelernt, in denen die Autoren versuchen, abstrakte Naturphänomene zu erklären. Nennen Sie die Gemeinsamkeiten und Unterschiede zwischen den Texten. Welche Argumentation überzeugt Sie eher? Welche wirkt moderner (vgl. dazu auch die folgenden Texte **I1** und **M5**)?

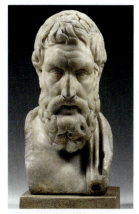

Porträt des griechischen Philosophen Epikur. Um 270 v. Chr. Berlin, Antikensammlung.

107

Denken und Handeln – Texte zur Philosophie

M4 Philosophie mit Musenhonig

Der römische Dichter Lukrez (1. Jh. v. Chr.) schrieb ein philosophisches Gedicht in Hexametern mit dem Titel *De rerum natura*. Seine Entscheidung, sein Thema in Versen, nicht in Prosa darzustellen, begründet er so:

„Wenn die Ärzte den Kindern bitteren Wermutsaft (als Arznei) zu geben versuchen, bestreichen sie vorher den Rand des Bechers mit süßem goldgelben Honig, um die Lippen des ahnungslosen Kindes zu täuschen. Unterdessen trinkt es den bitteren Wermutsaft, wird getäuscht, aber nicht wirklich betrogen, denn es kann nur auf diese Art geheilt und wieder gesund werden. Genauso mache ich es: Da diese Lehre denen, die sich mit ihr noch nicht beschäftigt haben, abstoßend erscheint und sich die breite Masse von ihr abwendet, wollte ich mit dem süßen Gesang der Musen meine Philosophie darstellen und sie gewissermaßen mit ‚Musenhonig‘ bestreichen."
Lukrez, De rerum natura 1, 936 ff.

I1 Die Entstehung der modernen Atomphysik

Die Atomtheorie der Antike wurde erst durch Arbeiten des englischen Chemikers John Dalton (1766–1844) für die Moderne „wiederentdeckt". Es war dann Albert Einstein (1879–1955, Nobelpreis 1921) vorbehalten, 1905 die Existenz von Atomen nachzuweisen. Gegen Ende des 19. Jh.s war schon die Radioaktivität von Antoine Henri Becquerel (1852–1908) entdeckt worden, wofür Becquerel 1903 den Nobelpreis erhielt. Die Atomforschung erlebte dann aber vor allem durch Otto Hahn und Werner Heisenberg ihren Durchbruch. Der Chemiker Otto Hahn (1879–1968) war der Entdecker der Kernspaltung des Urans, wofür er 1944 den Nobelpreis erhielt. Ebenfalls Nobelpreisträger wurde 1932 für seine Arbeiten zur Quantenmechanik der Physiker Werner Heisenberg (1901–1976). Heisenberg betonte in seinen Aufsätzen immer wieder die Rolle der antiken Naturphilosophie für die moderne Physik. Wenn wir heute wissen, dass „Atome" noch weiter unterteilt werden können, verweist dies auf einen „Fehler" der frühen Atomtheorie, die noch nicht wissen konnte, dass die Teilchen, die sie für unteilbar hielt, dies nicht waren.

M5 Jostein Gaarder: Über die Genialität von Legosteinen

In dem Roman „Sofies Welt" erzählt Jostein Gaarder die Geschichte der Philosophie. Diese ist eingebettet in eine Rahmenhandlung, in der ein Mädchen namens Sofie (vgl. Philo-Sophie) von einem Unbekannten Briefe erhält, der ihr Fragen stellt. Das Nachdenken über diese Fragen führt Sofie zu den Grundfragen der Philosophie. Der Unbekannte stellt ihr z. B. die „verrückte" Frage: „Warum sind Legosteine das genialste Spielzeug der Welt?" Sofie erkennt schnell, dass Legosteine deswegen so genial sind, „weil man aus ihnen alles Mögliche bauen kann." In einem Brief vergleicht der Unbekannte diese Erkenntnis Sofies mit Demokrits Atomlehre:

„Es gibt unendlich viele unterschiedliche Atome in der Natur, meinte Demokrit. Manche sind rund und glatt, andere sind unregelmäßig und krumm. Gerade weil sie so ungleichmäßig geformt sind, lassen sie sich zu ganz unterschiedlichen Körpern zusammensetzen. Aber egal, wie viele und wie unterschiedliche Atome es auch geben mag, alle sind sie ewig, unveränderlich und unteilbar.

Wenn ein Körper – zum Beispiel ein Baum oder ein Tier – stirbt und in Auflösung übergeht, werden seine Atome verstreut und können aufs Neue in neuen Körpern verwendet werden. Denn die Atome bewegen sich zwar im Raum, haben aber verschiedene ‚Haken‘ und ‚Ösen‘ und werden deshalb immer wieder zu den Dingen zusammengehakt, die wir um uns herum sehen.

Und jetzt begreifst Du sicher, was ich mit den Legosteinen sagen wollte? Sie haben ungefähr alle Eigenschaften, die Demokrit den Atomen zugeschrieben hat, und gerade deshalb kann man so gut damit bauen. Zuerst einmal sind sie unteilbar. Sie unterscheiden sich in Form und Größe, sie sind massiv

und undurchdringlich. Legosteine haben außerdem Haken und Ösen sozusagen, mit denen sie sich zu allen möglichen Figuren zusammensetzen lassen können. Diese Bindung kann später aufgelöst werden, und dann werden wieder neue Gegenstände aus denselben Klötzchen gebaut.
Gerade dass sie immer wieder verwendet werden können, hat die Legosteine so beliebt gemacht. Ein und derselbe Legostein kann heute in ein Auto eingehen, morgen aber in ein Schloss. Außerdem können wir Legosteine als ‚ewig' bezeichnen. Kinder, die heute leben, können mit denselben Steinen spielen wie ihre Eltern, als die noch klein waren." [...]
Beim Lesen schaute Sofie mehrmals aus dem Fenster, um festzustellen, ob der geheimnisvolle Briefeschreiber am Briefkasten auftauchte. Jetzt starrte sie nur noch auf die Straße, während sie sich überlegte, was sie da gelesen hatte. Sie fand Demokrits Gedankengang so schlicht – und doch so unglaublich schlau. Er hatte die Lösung für die Probleme des „Urstoffes" und der „Veränderungen" gefunden. Diese Frage war so kompliziert gewesen, dass die Philosophen mehrere Generationen lang daran geknackt hatten. Am Ende hatte Demokrit das ganze Problem dadurch gelöst, dass er einfach seine Vernunft benutzt hatte.

Jostein Gaarder: Sofies Welt. Roman über die Geschichte der Philosophie, aus dem Norwegischen von Gabriele Haefs, München und Wien (Carl Hanser) 1993, S. 57–59

Das Atomium in Brüssel. Wahrzeichen der Weltausstellung von 1958.

Denken und Handeln – Texte zur Philosophie

> **Wortfeld** Sinneswahrnehmungen
> vidēre, vidērī, audīre, loquī
> **Grammatik** Fragewörter, Relativpronomina

T5 Laktanz: Die Irrtümer Epikurs

Nicht alle fanden die Ideen der antiken Atomisten so genial wie Sofie. Der Christ Lucius Caecilius Firmianus Lactantius (ca. 250–325 n. Chr.) stammte aus Nordafrika und war Rhetoriklehrer. Er verteidigte in seinem Werk den christlichen Glauben und kritisierte die Lehren der heidnischen Philosophie. So kommt er auch auf Epikur zu sprechen, an dessen „Atomismus" er besonders viel auszusetzen hat. Der folgende Text gibt sich als Gespräch zwischen einem Fragesteller (wohl Laktanz selbst) und Epikur, der in wörtlichen Zitaten zu Wort kommt:

Epicurus existimavit nullam esse providentiam. Quod cum sibi persuasisset, suscepit etiam defendendum. Sic in errores inextricabi-

3 les se ipse conclusit. Si enim providentia nulla est, quomodo tam ordinate, tam disposite mundus effectus est?

„Nulla", inquit, „dispositio est; multa enim facta sunt aliter, quam fieri

6 debuerint. Nihil in procreandis animalibus providentiae ratio molita est; nam neque oculi facti sunt ad videndum, neque aures ad audiendum, neque lingua ad loquendum, neque pedes ad ambulandum,

9 quoniam prius haec nata sunt, quam esset loqui, audire, videre, ambulare. Itaque non haec ad usum nata sunt, sed usus ex illis natus est."

12 Si nulla providentia est, unde ergo nascuntur aut quomodo fiunt omnia, quae nascuntur?

„Non est", inquit, „providentiae opus. Sunt enim semina per inane

15 volitantia, quibus inter se temere conglobatis universa gignuntur atque concrescunt."

Cur igitur illa non sentimus aut cernimus?

18 „Quia nec colorem habent", inquit, „nec calorem ullum, nec odorem. Saporis quoque et humoris expertia sunt, et tam minuta, ut secari ac dividi nequeant."

21 Sic eum, quia in principio falsum susceperat, consequentium rerum necessitas ad deliramenta perduxit. Ubi enim sunt aut unde ista corpuscula? Quae si sunt corpuscala, et quidem solida, ut dicunt, sub

---

2 dēfendendum ~ dēfendere

2/3 inextrīcābilis, e unentwirrbar conclūdere (*Perf.* conclūsī) verstricken

4 ōrdinātus planvoll dispositus wohlgeordnet

5 dispositiō Ordnung

6 prōcreāre erschaffen

8 ambulāre gehen

14 sēmen, inis *n hier:* Atom ināne, is *n* leerer Raum, Leere

15 volitāre ~ volāre temere *Adv.* zufällig conglobāre zusammenballen gignere erzeugen

16 con-crēscere sich zusammenschließen

18 color, ōris *m* Farbe calor, ōris *m* Wärme odor, ōris Geruch

19 sapor, ōris Geschmack hūmor, ōris Feuchtigkeit expers, pertis *m. Gen.* frei von minūtus winzig secāre zerschneiden

20 nequīre nicht können

21 prīncipium Anfang

22 necessitās logische Konsequenz dēlīrāmentum Albernheit perdūcere bringen

23 corpusculum kleines Teilchen, „Körperchen" solidus fest

Wie ist die Welt aufgebaut?

24 oculos certe venire possunt. Si eadem est natura omnium, quomodo res varias efficiunt?

„Vario", inquit, „ordine ac positione conveniunt, sicut litterae, quae

27 cum sint paucae, varie tamen collocatae, innumerabilia verba conficiunt."

At litterae varias formas habent.

30 „Ita", inquit, „et haec ipsa primordia. Nam sunt aspera, sunt hamata, sunt levia."

Secari ergo et dividi possunt, si aliquid inest illis, quod emineat. Si

33 autem levia sunt et hamis indigent, cohaerere non possunt.

„Hamata igitur esse oportet, ut possint invicem concatenari."

Cum vero tam minuta esse dicantur, ut nulla ferri acie dissecari

36 valeant, quomodo hamos aut angulos habent? Quos, quia exstant, necesse est posse divelli. Deinde quo foedere inter se, qua mente conveniunt, ut ex his aliquid construatur? Si sensu carent, nec coire

39 tam disposite possunt, quia non potest quidquam rationale perficere nisi ratio. Quam multis coargui haec vanitas potest!

Laktanz, Divinae institutiones 3,17,16-28

---

26 positiō, ōnis Stellung
30 prīmōrdia *n Pl.* Uranfänge, Atome hāmātus mit Haken versehen
31 lēvis, e glatt
32 ēminēre hervorstehen
33 hāmus Haken indigēre *m. Abl.* etw. nicht haben
34 invicem untereinander concatēnāre (mit einer Kette) zusammenhalten
35 aciēs, ēī *f hier*: Schärfe dissecāre zerschneiden
36 valēre *hier*: können angulus Ecke exstāre heraustehen
37 dīvellere abreißen foedus, eris *n* Gesetzmäßigkeit
38 cōnstruī entstehen
39 dispositus wohlgeordnet
39/40 nōn ... nisī nur
39 ratiōnālis, e mit Vernunft ausgestattet
40 multīs <causīs> coarguere offensichtlich machen vānitās *f* Unsinn

---

1 Versuchen Sie, anhand der in **T5** vorkommenden Sachfelder und Leitbegriffe schon vor der Übersetzung einen ersten Eindruck vom Inhalt des Textes zu gewinnen. Listen Sie die Themen auf, die Sie schon aus Lukrez und *Sofies Welt* kennen und die auch bei Laktanz vorkommen.

2 Untersuchen Sie, wie sich im Verlauf von **T5** die „Redeanteile" des Fragestellers und Epikurs verschieben. Deuten Sie diese Verschiebung.

3 Epikur stellt in Z. 10 f. von **T5** dem stoischen Konzept der Vorsehung sein Konzept der Evolution gegenüber: „Non haec ad usum nata sunt, sed usus ex illis natus est". Informieren Sie sich (z.B. in einem Biologiebuch oder im Internet) über dieses Konzept und stellen Sie es in einem Kurzreferat vor.

Denken und Handeln – Texte zur Philosophie

Was kann uns Sokrates sagen?

Sokrates (um 470–399 v. Chr.), über den nur spärliche biographische Angaben vorliegen, gilt als der Begründer der philosophischen Ethik.
Da er selbst keine schriftlichen Aufzeichnungen hinterließ, ist die Forschung vor allem auf die Dialoge und Schriften seines Schülers Platon angewiesen, um Kenntnis seiner Lehre zu erlangen.
Diese zeigen ihn als einen Mann, der in prüfenden Gesprächen das Scheinwissen seiner athenischen Mitbürger aufdeckt und zur gerechten Lebensführung mahnt. Er selbst versteht sich bei diesem Prozess der Selbsterkenntnis – gemäß der Inschrift am Orakel zu Delphi: Erkenne dich selbst – nur als der Helfer auf dem Weg zur Einsicht, den jeder für sich selbst finden muss. Seine Philosophie versteht er somit als Mäeutik (Hebammenkunst). Den Kern seiner Philosophie bilden die Fragen nach dem Guten und der Tugend. 399 v. Chr. wurde er wegen angeblicher Gotteslästerung und Verführung der Jugend zum Tode verurteilt (vgl. **T9**).

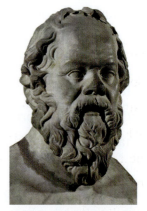

Sokrates. Porträtbüste aus Marmor. Antike Kopie nach einer Büste des 4. Jh.s v. Chr. Paris, Musée du Louvre.

T6 Die sokratische Wende

Sed ab antiqua philosophia usque ad Socratem, qui Archelaum,
Anaxagorae discipulum, audiverat, numeri motusque tractabantur, et
3 unde omnia orirentur quove reciderent. Studiose ab iis siderum
magnitudines, intervalla, cursus anquirebantur et cuncta caelestia.
Socrates autem primus philosophiam devocavit e caelo et in urbibus
6 conlocavit et in domus etiam introduxit et coegit de vita et moribus
rebusque bonis et malis quaerere. Cuius multiplex ratio disputandi
rerumque varietas et ingenii magnitudo Platonis memoria et litteris
9 consecrata plura genera effecit dissentientium philosophorum;
e quibus nos id potissimum consecuti sumus, quo Socratem usum
arbitrabamur, ut nostram ipsi sententiam tegeremus, errore alios
12 levaremus et in omni disputatione, quid esset simillimum veri,
quaereremus.

Cicero, Tusculanae disputationes 5,10f.

[1] **Archelāus:** → EV
[2] **Anaxagorās, ae** m: → EV
tractāre behandeln
[3] **recidere** zurückfallen, vergehen
[4] **intervallum** Zwischenräume
anquīrere untersuchen
caelestia n Pl. Himmelserscheinungen
[5] **dēvocāre** herabrufen
[6] **conlocāre** heimisch machen
intrōdūcere einführen
[7] **multiplex ratiō** Vielseitigkeit
[8] **varietās rērum** Vielfalt der Themen **memoriā et litterīs** durch die aufgezeichneten Erinnerungen
[9] **cōnsecrāre** unsterblich machen **genus, generis** n hier: Schule
[10/11] *quō ... ūsum ⟨esse⟩ arbitrābāmur:* verschränkter Relativsatz
[12] **levāre** m. Abl. befreien von

1 Nennen Sie die Bereiche, mit denen sich die Philosophen vor Sokrates beschäftigten.

2 Worin unterschied sich Sokrates in seinem Zugang zur Philosophie von früheren Philosophen? Sammeln Sie die entsprechenden lateinischen Wendungen.

Was kann uns Sokrates sagen?

Grammatik Fragewörter, indirekte Fragesätze
Stilistik Merkmale des Dialogs

7 Die Lehre des Sokrates: Wer ist glücklich?

Socrates, cum esset ex eo quaesitum, nonne beatum putaret Archelaum Perdiccae filium, qui tum fortunatissimus haberetur: „Haud scio", inquit; „numquam enim cum eo collocutus sum." „Aliter id scire non potes?" „Nullo modo." „Tu igitur ne de Persarum quidem rege magno potes dicere, beatusne sit?" „An ego possim, cum ignorem, quam sit doctus, quam vir bonus?" „Quid? Tu in eo sitam vitam beatam putas?" „Ita prorsus existimo: bonos beatos, improbos miseros." „Miser ergo est Archelaus?" „Certe, si iniustus est."

Cicero, Tusculanae disputationes 5,34f.

[1] **nōnne ... putāret** ob er nicht ... halte
[2] **Perdicca, ae** m: → EV
fortūnātus glücklich

[6] <po>sitam <esse>
[7] **prōrsus** durchaus, ganz und gar
[7/8] **miserōs** <putō>

1 Lesen Sie das Gespräch mit Ihrem Banknachbarn in verteilten Rollen. Übersetzen Sie dann in Partnerarbeit.

2 Warum will Sokrates nicht bestätigen, dass Archelaus der glücklichste Mensch ist?

3 Nennen Sie die Maßstäbe, wonach Sokrates Glück bemisst. Wer ist also nach Sokrates glücklich, wer unglücklich? Legen Sie dar, wer nach Sokrates die boni sind.

4 Geben Sie Merkmale an, die Ihrer Meinung nach einen glücklichen Menschen ausmachen.

5 Diskutieren Sie: Kann man sein Glück beeinflussen?

6 Begründen Sie, warum die Glücksgöttin Fortuna oft mit einem Rad dargestellt wird.

7 In der amerikanischen Verfassung (1771) wird jedem das Recht zugestanden, nach Glück zu streben (pursuit of happiness). Nennen Sie Umstände, unter denen dieses Recht eingeschränkt werden muss.

8 Vergleichen Sie den Dialog in **T7** mit der in **T6** (Z. 10–13) beschriebenen ratio disputandi des Sokrates.

*Rad der Fortuna. Titelblatt der „Carmina Burana".
Staatsbibliothek München.*

113

Denken und Handeln – Texte zur Philosophie

T8 Themen und Methode des Sokrates

Socrates videtur, id quod constat inter omnes, primus a rebus occultis et ab ipsa natura involutis, in quibus omnes ante eum philosophi occupati fuerunt, avocavisse philosophiam et ad vitam communem adduxisse, ut de virtutibus et de vitiis omninoque de bonis rebus et malis quaereret, caelestia autem vel procul esse a nostra cognitione censeret vel, si maxime cognita essent, nihil tamen ad bene vivendum. Hic in omnibus fere sermonibus, qui ab eis, qui illum audiverunt, varie copioseque perscripti sunt, ita disputat, ut nihil affirmet ipse, refellat alios, nihil se scire dicat, nisi id ipsum, eoque praestare ceteris, quod illi, quae nesciant, scire se putent, ipse se nihil scire id unum sciat, ob eamque rem se arbitrari ab Apolline omnium sapientissimum esse dictum, quod haec esset una omnis sapientia non arbitrari sese scire, quod nesciat.

Cicero, Lucullus sive Academicorum priorum libri 1,15f.

[2] **involūtus** schwer verständlich
[3] **āvocāre** wegrufen, abberufen
[5] **caelestia, ium** *n Pl.* das Himmlische
[8] **cōpiōsus** gedankenreich
perscrībere *(PPP* perscrīptum*)* sorgfältig niederschreiben
affirmāre bestätigen, bekräftigen
[9] **refellere** widerlegen

[13] (sē)sē

1 a) Suchen Sie aus dem ersten Abschnitt alle lateinischen Wendungen heraus, die angeben, worüber Sokrates philosophierte.
b) Nennen Sie den Bereich der Philosophie, mit dem sich Sokrates erstmals beschäftigte.

2 a) Wie lehrte Sokrates Philosophie? Beschreiben Sie seine Vorgehensweise.
b) Sammeln Sie Informationen über den sokratischen Dialog und präsentieren Sie diese der Klasse.

M6 Eine Anekdote

Der griechische Philosoph Sokrates sagte seinen Schülern, sie sollten sich immer wieder im Spiegel betrachten, um, wenn sie schön wären, sich dessen würdig zu machen, und wenn häßlich, diesen Mangel durch Charakterbildung auszugleichen.
Heinrich Krauss/Eva Uthemann: Was Bilder erzählen, Die klassischen Geschichten aus Antike und Christentum in der abendländischen Malerei, München (C. H. Beck) 2003, S. 153

Domenico Feti (1589–1624): Sokrates unterrichtet zwei Schüler, Anfang 17. Jh. Florenz, Galleria degli Uffizi.

9 Die Schlussworte des Sokrates an die athenischen Richter

„Magna me", inquit, „spes tenet, iudices, bene mihi evenire, quod

mittar ad mortem. Necesse est enim sit alterum de duobus, ut aut

3 sensus omnino omnes mors auferat aut in alium quendam locum ex

his locis morte migretur.

Quam ob rem, sive sensus exstinguitur morsque ei somno similis est,

6 qui nonnumquam etiam sine visis somniorum placatissimam quie-

tem adfert, di boni, quid lucri est emori! Aut quam multi dies reperiri

possunt, qui tali nocti anteponantur! Cui si similis est perpetuitas

9 omnis consequentis temporis, quis me beatior est?

Sin vera sunt, quae dicuntur, migrationem esse mortem in eas oras,

quas qui e vita excesserunt incolunt, id multo iam beatius est.

12 Tene, cum ab iis, qui se iudicum numero haberi volunt, evaseris, ad eos

venire, qui vere iudices appellentur, Minoem, Rhadamanthum,

Aeacum, Triptolemum, convenireque eos, qui iuste et cum fide

15 vixerint: haec peregrinatio mediocris vobis videri potest? ..."

„Nec vero ego iis, a quibus accusatus aut a quibus damnatus sum,

habeo, quod suscenseam, nisi quod mihi nocere se crediderunt. ...

18 Sed tempus est", inquit, „iam hinc abire, me, ut moriar, vos, ut vitam

agatis. Utrum autem sit melius, dii immortales sciunt, hominem

quidem scire arbitror neminem."

Cicero, Tusculanae disputationes 1,97ff.

[2] **necesse est** <, ut> **sit** er (der Tod) ist notwendigerweise
[4] **migrāre** wandern
[6] **vīsum somniōrum** Traumbild **plācātus** sanft, ruhig
[7] **lucrum** Gewinn, Vorteil **(ē)morī**
[8] **antepōnere** vorziehen **perpetuitās** Ewigkeit
[10] **migrātiō, ōnis** Wanderung
[11] **incolere** bewohnen
[12] **habērī numerō** m. Gen. gezählt werden zu **ēvādere** (Perf. **ēvāsī**) entkommen, entfliehen
[13/14] **Mīnōs, Rhadamanthus, Aeacus, Triptolemus:** wurden nach dem Mythos wegen ihrer Gerechtigkeit als Totenrichter in der Unterwelt eingesetzt
[12–14] **Tē-ne ... ad eōs venīre ... convenīreque eōs** dass du ... zu denjenigen kommst ... und zusammentriffst mit denjenigen
[15] **peregrīnātiō** f Wanderung **mediocris, e** gering
[17] **nōn habeō, quod** m. Konj. ich habe keinen Grund, dass **suscēnsēre** zürnen **nocēre** schaden

---

1 Sammeln Sie die lateinischen Begriffe und Wendungen, die für Tod und Sterben stehen.

2 Gliedern Sie die Rede in Sinnabschnitte.

3 Skizzieren Sie die zwei Vorstellungen von Tod, die Sokrates beschreibt. Welcher können Sie eher zustimmen? Begründen Sie Ihre Meinung.

4 Begründen Sie aus dieser Rede, warum Sokrates keine Angst vor dem Tod hatte.

5 Vergleichen Sie diese Auffassung von Tod und Jenseits mit der christlichen Vorstellung.

Denken und Handeln – Texte zur Philosophie

Was leistet die Philosophie?

Sachfeld Kulturleistungen
virtūs, vitium, lex, disciplīna
Grammatik Ausrufe, rhetorische Fragen

T10 Cicero: Hymnus auf die Philosophie

O vitae philosophia dux, o virtutis indagatrix expultrixque vitiorum! Quid non modo nos, sed omnino vita hominum sine te esse potuisset? Tu urbes peperisti, tu dissipatos homines in societatem vitae convocavisti, tu eos inter se primo domiciliis, deinde coniugiis, tum litterarum et vocum communione iunxisti, tu inventrix legum, tu magistra morum et disciplinae fuisti. Ad te confugimus, a te opem petimus, tibi nos, ut antea magna ex parte, sic nunc penitus totosque tradimus. Est autem unus dies bene et ex praeceptis tuis actus peccanti immortalitati anteponendus. Cuius igitur potius opibus utamur quam tuis, quae et vitae tranquillitatem largita nobis es et terrorem mortis sustulisti?

Cicero, Tusculanae disputationes 5,5

[1] **indāgātrīx** Erforscherin **expultrīx** Vertreiberin
[3] **dissipāre** zerstreuen
[4] **domicilium** Haus **coniugium** Ehe
[5] **commūniō, ōnis** Gemeinschaft **inventrīx** Erfinderin **magistra** Lehrerin
[6] **disciplīna** Ordnung **cōnfugere** Zuflucht nehmen
[7] **magnā ex parte** zum großen Teil **penitus** *Adv.* ganz und gar
[8] **ex** *hier:* gemäß **immortālitās, ātis** *f* Unsterblichkeit
[10] **largīrī** schenken

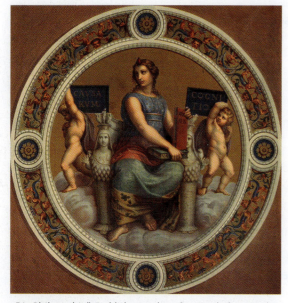

„Die Philosophie". Farblithographie. 1873. Nach dem Fresko (um 1508/11) von Raffael in der Stanza della Segnatura im Vatikanischen Palast in Rom.

1 Fassen Sie zusammen, welche Leistungen nach Cicero die Philosophie für die Menschen erbracht hat.

2 Cicero wählt für sein Lob der Philosophie die Form eines Hymnus. Ein Hymnus besteht traditionell aus drei Teilen:
1. Anrufung der Gottheit
2. Lobpreis der Gottheit, Aufzählung ihrer Leistungen und Taten
3. Bitte an die Gottheit

Untersuchen Sie, ob auch in Ciceros *Hymnus auf die Philosophie* diese drei Teile vorkommen.

3 Stellen Sie zusammen, welche der erwähnten Leistungen der Philosophie in den übersetzten Texten behandelt worden sind.

Ausblick

Seneca: Als wir uns das letzte Mal unterhalten haben, hast du mir versprochen, darüber nachzudenken, ob dir meine Definition eines Philosophen zutreffend erscheint: Ein Philosoph ist ein Mensch, der über sein Dasein nachdenkt, seine Überlegungen verallgemeinert und seine Erkenntnisse anderen mitteilt.

Schüler: Ich glaube schon, dass diese Definition zutrifft. Allerdings sind dann viele Menschen Philosophen, die in der „echten" Philosophie keine Rolle spielen, z. B. auch Gestalten wie Thales und Pythagoras, die wir heute eher als Mathematiker kennen.

Seneca: Kannst du mir erklären, was du unter „echter" Philosophie verstehst?

Schüler: Ja, ich glaube schon, obwohl es mir dabei wie dem heiligen Augustinus geht: Immer, wenn ich nicht danach gefragt werde, weiß ich genau, was Philosophie ist, aber, wenn ich es jemandem erklären soll, tue ich mich damit schwer.

Seneca: Wenn das aber jetzt keine echt philosophische Aussage war! Du hast doch schon eine ganze Menge gelernt.

Schüler: Weil ich immer noch nicht gesagt habe, was ich unter „echter" Philosophie verstehe, sondern nur gesagt habe, dass ich eigentlich nichts weiß?

Seneca: Jetzt spielst aber *du* den Sokrates, denn dieser Ausspruch stammt von ihm. Aber jetzt einmal ernsthaft: Wer von sich behauptet, auf alle Fragen eine Antwort zu haben, der ist bestimmt kein echter Philosoph. Manchmal ist in der Philosophie die Frage wichtiger als die Antwort, das Gespräch wichtiger als das Ergebnis und der Weg wichtiger als das Ziel. Das hat vor allem Platon erkannt, dessen Philosophie immer nur in Dialogen entwickelt wird.

Schüler: Aber dann wäre Philosophie nur eine weltfremde Spinnerei, die nie zu konkreten Taten führte. Dann ginge es allen Philosophen wie Thales, der über die Probleme des Himmels nachgedacht haben soll und dabei in einen Brunnen fiel, den er übersehen hatte.

Seneca: Da hast du Recht. So darf Philosophie natürlich nicht sein. Auch wenn es dich nervt, aber da kann ich wieder mich selbst zitieren: Philosophie ist nicht zur Prahlerei geschaffen, sie besteht nicht in Worten, sondern in Taten.

Giorgio de Chirico (1888–1978):
Die griechischen Philosophen. 1925.

Grundwissen

Rhetorik für die Republik – Cicero gegen Antonius

Rhetorik

Unter Rhetorik versteht man sowohl die konkrete Kunst der eindrucksvollen Rede als auch ihre theoretische Grundlegung, mit deren Hilfe der Einzelne sein rednerisches Können steigern kann. In der Antike war die Rhetorik fester Bestandteil jeder höheren Bildung, denn ohne die Fähigkeit zu wirkungsvoller Rede war eine Karriere als Politiker oder Rechtsanwalt undenkbar.

Die Rhetorik war im Griechenland des 5. Jahrhunderts v. Chr. entstanden, als man Konflikte öffentlich in Rede und Gegenrede austrug: Wer sich und seine Sache geschickt und überzeugend darzustellen wusste, trug den Sieg davon. Die **Sophisten**, professionelle Redelehrer (z. B. Protagoras und Gorgias), lehrten gegen Bezahlung, wie man kraft der Redegabe überlegen sein kann. Der Philosoph **Sokrates** und sein Schüler **Platon** dagegen bekämpften die sophistische Auffassung von Rhetorik: Diese stelle nicht das Ringen um die Wahrheit in den Mittelpunkt, sondern diene der bloßen Überredung und Manipulation der Masse. Der bedeutendste griechische Theoretiker der Rhetorik war **Aristoteles**, ein Schüler Platons: Von ihm stammt die Einteilung in drei Redegattungen: die Rede vor dem Volk (genus deliberativum), die Rede vor Gericht (genus iudiciale) und die Lob- bzw. Festrede (genus demonstrativum). Der berühmteste griechische Redner war Demosthenes (4. Jh. v. Chr.), dem der Römer Cicero nacheiferte.

Cicero war nicht nur ein glänzender und erfolgreicher Redner, sondern verfasste auch bedeutende Lehrwerke über die Redekunst (z. B. *De oratore*). In Übereinstimmung mit Sokrates und Platon sah er es als Pflicht des Redners an, seine Redegabe in den Dienst der Gemeinschaft, nicht des Eigennutzes, zu stellen. Ciceros Ideal war der sog. **orator perfectus**: Dieser sollte die Redekunst auf der Grundlage einer umfassenden Allgemeinbildung und mit höchstem moralischem Verantwortungsbewusstsein ausüben. In der Kaiserzeit sank die Bedeutung der Rhetorik, da die wichtigen politischen Entscheidungen nicht mehr vor dem Senat und der Volksversammlung in Rede und Gegenrede entschieden, sondern im Kabinett des Kaisers getroffen wurden.

So blieb dem ersten Professor für Rhetorik, **Quintilian** (1. Jh. n. Chr.), nur noch übrig, in seinem umfangreichen Lehrbuch über die Ausbildung des Redners (*Institutio oratoria*) das rhetorische Wissen der Antike zusammenzufassen.

Die Aufgaben des Redners (officia oratoris)

Die Theorie der Rhetorik gliedert die Erarbeitung einer Rede in folgende fünf Schritte:

1. inventio: Festlegung des Themas und Stoffsammlung
2. dispositio: Strukturierung der Rede
3. elocutio: Sprachlich-stilistische Ausgestaltung
4. memoria: Auswendiglernen (Reden wurden nicht vorgelesen!)
5. actio: Kunstvoller Vortrag der Rede (unter Einsatz von Mimik und Gestik)

Die Teile der antiken Rede (partes orationis)

exordium: Einleitung (oft mit captatio benevolentiae)
narratio: Darlegung des Sachverhalts
partitio/divisio: Gliederung der Beweise
argumentatio: Beweisführung
- confirmatio: Vorlegen eigener Beweise
- refutatio: Widerlegung gegnerischer Argumente

peroratio bzw. conclusio: Schluss (mit beschwörenden Worten)

Mythos und Verwandlung – Ovids Metamorphosen

Publius Ovidius Naso (43 v. Chr.–17 n. Chr.) verzichtete auf eine Karriere als Politiker oder Rechtsanwalt, um sich ganz seiner Dichtung widmen zu können. Sein Verhältnis zu Kaiser Augustus war von kritischer Distanz geprägt, wie einige doppeldeutige Stellen aus seinen Werken zeigen. Im Jahre 8 n. Chr. wurde Ovid von Augustus nach Tomi ans Schwarze Meer verbannt, aus zwei Gründen, die der Dichter selbst als *carmen* und *error* bezeichnet. Bei dem Gedicht *(carmen)*, das beim Kaiser Anstoß erregte, dürfte es sich um die *Ars amatoria* gehandelt haben, ein Lehrgedicht über die Liebe, dessen frivole Freizügigkeit in krassem Kontrast zur strengen Ehe- und Sittengesetzgebung des Augustus stand. Der Irrtum (*error*) könnte darin bestanden haben, dass Ovid in einen Ehebruchskandal um die Augustusenkelin Julia oder gar in einen Putschversuch gegen den Kaiser verwickelt war.

Wichtige Werke Ovids: Die schon in der Antike beliebten Werke Ovids zeigen eine genaue psychologische Beobachtungsfähigkeit und detaillierte mythologische Kenntnisse, sie sind sprachlich und rhetorisch ausgefeilt. Die Bücher I und II der *Ars amatoria* sind an männliche Leser gerichtet und beschreiben, wo man ein Mädchen kennenlernt und wie man es gewinnt und langfristig an sich binden kann. Das an Frauen gerichtete Buch III behandelt diese Themen aus weiblicher Perspektive. Bei den *Amores* (einer Sammlung von Liebeselegien) handelt es sich um ein Jugendwerk. Aus der Verbannungszeit Ovids stammen die sog. *Tristien* (Trauergedichte). Ovids Hauptwerk ist das Epos mit dem Titel *Metamorphosen*.

Ovids *Metamorphosen*
„Metamorphosen" heißt so viel wie „Gestaltumwandlungen". Entsprechend reiht Ovid in seinem auf 15 Bücher angelegten Werk dieses Namens rund 250 Verwandlungssagen aneinander. Die *Metamorphosen* sind nach Umfang und Versmaß (Hexameter) ein Epos. Da aber u. a. auch Elemente des Lehrgedichts, des Dramas, der Liebeselegie mit aufgenommen sind, lässt sich das Werk am ehesten als Kollektivgedicht, als eine originelle Kreuzung verschiedener Gattungen, bezeichnen. Gegliedert ist das Werk in drei Einheiten von jeweils fünf Büchern. Die Bücher 1–5 handeln von Sagen der Götter, die Bücher 6–10 von den Heroen, den Söhnen der Götter, und die Bücher 11–15 von der historischen Zeit von der Gründung Trojas bis zur Herrschaftszeit des Augustus. Drei Arten von Verwandlungen werden dargestellt: die Verwandlung von Menschen und Halbgöttern in Bäume, Quellen, Steine und Tiere, dann die Vergöttlichung von Menschen (z. B. Romulus, Cäsar, Augustus) und schließlich die Wanderung der Seele eines Toten in einen anderen Körper. All diese Verwandlungen machen nach außen hin Kräfte sichtbar, die sich im Innern der Personen abspielen. Ein Beispiel: Wenn die begabte Weberin Arachne die Göttin Minerva in der Webkunst herausfordert und zur Strafe für diese Anmaßung in eine Spinne verwandelt wird, ist das ein Sinnbild dafür, wie ein Mensch, für den nur das Leistungsprinzip zählt, dazu verurteilt ist, ein Roboterdasein zu führen. Ovid gelingt es so, eine Fülle menschlicher Einzelschicksale und ihrer seelischen Konflikte, wie Begehren, Liebe und Eifersucht, darzustellen. Dieses psychologische Interesse Ovids macht den Reiz seines Werkes aus.

Kommunikation im Brief – Cicero und Plinius

Die Gattung des Briefs
Amtliche und persönliche Briefe sind bei den Römern früh verbreitet. Verlangt waren dabei Klarheit und Kürze – der Begriff „Brief" leitet sich von brevis her. Da ein Brief als die Hälfte eines Zwiegesprächs aufgefasst wurde, finden sich Anreden im Text. Typisch für Briefe ist auch die Grußadresse zu Beginn (etwa Cicero Attico sal[utem dicit]) und eine Schlussformel (Vale!). Geschrieben wurde entweder auf mit Wachs beschichteten Holztäfelchen, die mit der Antwort zurückgebracht werden konnten, oder auf Papyrus, der zusammengerollt, zugebunden und versiegelt wurde. Ein Briefbote (tabellarius) oder Bekannter überbrachte den Brief an den Empfänger.

Die Briefe des Cicero und des Plinius
Über keinen antiken Römer sind wir bis in Details des Alltags so gut informiert wie über **Cicero**. Zu verdanken ist das den rund tausend erhaltenen Briefen, die er an seinen Freund und Verleger Atticus, an seinen Bruder Quintus und an zahlreiche Freunde und Bekannte geschrieben hat. Viele Privatbriefe waren niemals für die Öffentlichkeit gedacht, sie wurden aber nach Ciceros Tod in Sammlungen zusammengestellt *(Ad Atticum, Ad Quintum fratrem, Ad familiares)* und veröffentlicht. Ciceros Briefe stellen in mehrfacher Hinsicht eine Besonderheit dar: Sie spiegeln seine augenblickliche Stimmung, seine Gedanken und Sorgen wider, sind eine unerschöpfliche Fundgrube für Informationen über den Alltag und die Politik

seiner Zeit, und nicht zuletzt sind viele Antwort-schreiben der Briefpartner erhalten, etwa von Cäsar oder Ciceros Sekretär Tiro.

Anders verhält es sich mit den Briefen des in der Kaiserzeit lebenden **Plinius des Jüngeren** (61/62–ca.112 n.Chr.): Sie sind zwar an echte Briefpartner gerichtet, waren aber von Anfang an für eine spätere Veröffentlichung gedacht und sind entsprechend sorgfältig verfasst. Plinius der Jüngere ist der Neffe des berühmten Naturfor-schers Plinius des Älteren, der beim Vesuvausbruch 79 n.Chr. ums Leben kam. Bis heute bekannt sind die beiden sogenannten Vesuvbriefe des Plinius, in denen er den Vulkanausbruch und den Tod seines Onkels beschreibt.

Plinius wurde als junger Mann in Rom von Quin-tilian, dem berühmtesten Redelehrer seiner Zeit, unterrichtet, bevor er seine Laufbahn als Rechtsan-walt und in verschiedenen politischen Ämtern ausübte. Unter Kaiser Trajan wurde er zum Konsul und später zum kaiserlichen Statthalter der Provinz Bithynien ernannt. Aus dieser Zeit ist ein Brief-wechsel mit Kaiser Trajan erhalten, in dem sich Plinius als bemühter Verwaltungsbeamter zeigt. Berühmt geworden ist der Brief, in dem er den Kaiser fragt, wie er mit bekennenden Christen umgehen solle, ebenso berühmt die Antwort Trajans, der für Milde gegenüber den Christen plädiert. In den vielen anderen, an Freunde gerich-teten Briefen werden die verschiedensten Themen behandelt, wie die Sklaverei, die gesellschaftliche Stellung der Frau, das Leben in Rom und in den römischen Provinzen, die Massenunterhaltung sowie Fragen der Bildung und des literarischen Lebens.

Denken und Handeln – Texte zur Philosophie

Der Begriff „Philosophie"

Der griechische Begriff „Philosophie" bedeutet „Liebe zur Weisheit". Die Inhalte der Philosophie hat der deutsche Philosoph Immanuel Kant (18. Jh.) in vier griffigen Fragen zusammengefasst: „Was kann ich wissen? Was soll ich tun? Was darf ich hoffen? Was ist der Mensch?"

Griechische Philosophie

Die Geschichte der abendländischen Philosophie beginnt im 6. Jh. v. Chr. mit den sogenannten **Vorsokratikern**, d.h. den Philosophen, die vor Sokrates lebten. Sie werden auch als Naturphiloso-phen bezeichnet, weil sie sich vor allem mit der Frage nach dem Ursprung aller Dinge beschäftig-ten. Thales etwa mutmaßte, dass das Wasser der Urgrund von allem sei. Diesen Teilbereich der antiken Philosophie nennt man „Physik".

Sokrates (5. Jh. v. Chr.) führte eine entscheidende Wende in der Geschichte der Philosophie herbei: Bei ihm stand nicht mehr die Naturerklärung im Mittelpunkt, sondern der Mensch. Der von ihm begründete philosophische Bereich der „Ethik" befasst sich mit der Frage, wie man moralisch gut lebt. Sokrates verfasste selbst keine Schriften, wurde aber berühmt durch seine Technik der Gesprächsführung (Dialektik): Er erschütterte durch gezieltes Nachfragen das scheinbar unum-stößliche Wissen seiner Gesprächspartner und verhalf ihnen damit zu vertieften Einsichten. Was wir über Sokrates wissen, überlieferte vor allem sein Schüler Platon.

Platon entwickelte in seiner berühmtesten Schrift *Politeia (Staat)* seine bis in die Neuzeit wirkende Ideenlehre, ferner die Lehre von den vier Kardinal-tugenden (Weisheit, Tapferkeit, Besonnenheit und Gerechtigkeit) und das Idealbild des sogenannten Philosophenkönigs, d.h. eines Staatsoberhauptes, das aufgrund seiner philosophischen Bildung ein Staatswesen weise und gerecht lenken kann. Die von Platon gegründete Philosophenschule, die „Akademie", existierte über die gesamte Antike und wurde erst im Jahre 529 n. Chr. geschlossen. Platons Schüler **Aristoteles** (4. Jh. v. Chr.) gründete eine eigene Schule, den sogenannten Peripatos. Aristoteles war ein großer Systematiker, dem es gelang, das gesamte Wissen der damaligen Welt zu ordnen und niederzuschreiben. Er war so berühmt, dass er zum Erzieher Alexanders des Großen bestellt wurde.

Weitere griechische Philosophenschulen sind die „Stoa" und der „Kepos" („Garten") Epikurs (3. Jh. v. Chr.). Die **Epikureer** sehen das höchste Glück in der voluptas („Lust"), die freilich nicht gleichbedeu-tend mit einem luxuriösen Leben ist, sondern dann erreicht wird, wenn der Mensch frei von körperlichem Schmerz und seelischen Ängsten (z.B. Todesfurcht) ist. Dafür soll er sich so weit wie möglich aus dem politischen Leben zurückziehen und ein bescheidenes Leben in einer Gruppe Gleichgesinnter führen. Folgerichtig hat die Freundschaft (amicitia) einen hohen Stellenwert bei den Epikureern.

Die **Stoiker** hingegen sehen es als höchstes Lebensziel an, ein Leben gemäß der ratio („Vernunft") zu führen und allen Wechselfällen des Schicksals gegenüber gleichmütig zu sein. Seelische Unerschütterlichkeit („stoische Ruhe") wird so zum Kennzeichen des stoischen Weisen. Im Gegensatz zum Epikureismus sieht die Stoa in der politischen Betätigung eine Pflicht, da der Mensch erst durch den Einsatz für die Gemeinschaft zu vollendeter Tugend (virtus) gelangen kann.

Philosophie bei den Römern

Eine eigenständige römische Philosophie gab es nicht, sehr wohl aber ein Anknüpfen an die großen griechischen Vorbildwerke und deren Weiterdenken. An erster Stelle ist **Cicero** (1. Jh. v. Chr.) zu nennen, dessen große Leistung es war, die griechische Philosophie in Rom bekannt zu machen: Er stellte nicht nur viele Werke und Ideen griechischer Philosophen in seinen Schriften dar, sondern schuf auch eine eigenständige lateinische philosophische Terminologie. Der römische Dichter **Lukrez** (1. Jh. v. Chr.) stellte in einem Lehrgedicht mit dem Titel *De rerum natura* die Lehre Epikurs dar. **Seneca** (1. Jh. n. Chr.), der Lehrer von Kaiser Nero, machte die stoische Lehre v. a. in seinen *Epistulae morales ad Lucilium* einem größeren Publikum bekannt. In diesen Briefen behandelte er viele Themen auf neuartige und ungewöhnliche Weise: das Problem der Zeitverschwendung, unmenschlichen Umgang mit Sklaven, das Streben nach Reichtum oder die Grausamkeit der Masse.

Stilmittel

Die folgenden Stilmittel dienen häufig dazu, einen Begriff oder einen Sachverhalt zu veranschaulichen oder besonders hervorzuheben. Die konkrete Funktion eines Stilmittels muss freilich aus dem jeweiligen Kontext ermittelt werden.

Alliteration Der Anlaut aufeinanderfolgender Wörter ist gleich.
Frater fortis fuit.

Anapher Am Anfang aufeinanderfolgender Satzteile oder Sätze wird das gleiche Wort wiederholt.
Te appello, te oro, te rogo.

Antithese Gegensätzliche Begriffe oder Gedanken werden gegenübergestellt.
Non vitae, sed scholae discimus.

Asyndeton Wörter oder Satzteile werden unverbunden aneinandergereiht.
Veni, vidi, vici.

Chiasmus Einander entsprechende Wörter oder Wortgruppen werden in umgekehrter Abfolge („überkreuz") angeordnet.
Nihil timeo,
scio multa.

Ellipse Ein normalerweise notwendiger Satzteil, meist das Hilfsverb, wird weggelassen.
Quantus amor, tantus timor (est).

Hendiadyoin Zwei beigeordnete Wörter bilden einen Begriff.
Verbis et oratione te moveo. (~ verbis orationis)

Hyperbaton Zusammengehörige (kongruente) Wörter werden durch einen Einschub bewusst getrennt.
Brevis a natura nobis vita data est.

Hyperbel Ein Sachverhalt wird durch Übertreibung ausgedrückt.
Maria montesque pollicetur.

Grundwissen

Klimax Wörter und Gedanken werden steigernd angeordnet.
Te appello, te rogo, te obsecro.

Litotes Eine Aussage wird durch die Verneinung des Gegenteils verstärkt.
Non ignoro.

Metapher Ein bildhafter Ausdruck steht (in „übertragener" Bedeutung) für einen anderen, meist abstrakten Begriff.
Amore incensus est.

Parallelismus Aufeinanderfolgende Sätze oder Satzteile sind bei etwa gleicher Wortzahl gleich gebaut.
Nihil timeo,

multa scio.

Polysyndeton Wörter oder Wortgruppen einer mehrgliedrigen Aufzählung werden durch Konjunktionen verbunden.
Amo et cupio et spero.

Rhetorische Frage Eine Aussage ist als Scheinfrage formuliert.
Tecum Lesbia nostra comparatur?

Vergleich Ein Sachverhalt wird durch ein bekannteres Beispiel veranschaulicht.
Ut Helena Troianis, sic iste rei publicae belli causa est.

Interpretation von Stilmitteln

Die Interpretation der Stilmittel wird an einer Passage aus einem Text von Seneca verdeutlicht (**T3**, Z. 1–10, S. 105 f.). Sprachlich-stilistische Mittel werden hier gezielt und bewusst eingesetzt, der Inhalt wird durch die formale Gestaltung verstärkt: Es dominieren Stilmittel, die die Ähnlichkeit ausdrücken. Die Sätze sind meist parallel aufgebaut: Hiems frigora adducit: Algendum est. Aestas calores refert: Aestuandum est ... Aliud aqua, aliud ignis eripiet ... pars caeli consurgit, pars mergitur. Diese Ähnlichkeit wird durch weitere Stilmittel, z. B. Anaphern (aliud ... aliud), Polyptoton (aestas – aestuandum est), Alliterationen und andere Gleichklänge noch verstärkt. Die extreme Verkürzung der Sätze (parataktische Hauptsätze, Asyndeta) unterstreicht diesen Eindruck, da alle überflüssigen Wörter wegfallen, die diesen Eindruck verwischen könnten. Doch alle formal ähnlichen Sätze enthalten inhaltliche Gegensätze (Winter – Sommer, Wasser – Feuer, Wolken – Sonnenschein usw.) Damit spiegelt die formale Gestaltung dieses Absatzes, das unauflösliche Gewirr von Parallelismen und Antithesen, den Inhalt exakt wider, denn der letzte Satz sagt aus, dass der ewig gleiche Wechsel der Extreme die Welt bestimmt: Contrariis rerum aeternitas constat.

Metrik

In der römischen Dichtung gibt es verschiedene Versformen, die durch eine bestimmte Abfolge von langen (–) und kurzen (U) Vokalen definiert sind; die beiden wichtigsten Versformen sollten Sie analysieren können:

$$- \overline{UU} \mid - \overline{UU} \mid - \overline{UU} \mid - \overline{UU} \mid - UU \mid - \overline{U}$$
$$\quad 1 \qquad 2 \qquad 3 \qquad 4 \qquad 5 \qquad 6$$

Der **Hexameter** (griech. „Sechsmaß") besteht aus sechs Versfüßen: Bei Versfuß 1–4 hat der Dichter die Auswahl zwischen Daktylus (– UU) und Spondeus (– –), Versfuß 5 ist fast immer ein Daktylus, Versfuß 6 hat zwei Silben (– U oder – –).

$$- \overline{UU} \mid - \overline{UU} \mid - \parallel - UU \mid - UU \mid \overline{U}$$
$$\quad 1 \qquad 2 \qquad 3 \qquad 4$$

Der **Pentameter** (griech. „Fünfmaß") setzt sich zusammen aus vier vollständigen und zwei unvollständigen Versfüßen. Der Vers wird durch eine Zäsur (‖) in zwei Hälften geteilt.

Zusammen kommen die beiden Versformen als **elegisches Distichon** (griech. „Zweizeiler") vor; dabei folgt auf einen Hexameter immer ein Pentameter.

Um die Verse zu analysieren, können Sie in folgenden Schritten vorgehen:

1. Schreiben Sie diejenigen Längen und Kürzen über die Vokale, die feststehen. Für die letzte Silbe jedes Verses können Sie zur Erleichterung ein x verwenden. Grenzen Sie die bereits vollständigen Versfüße voneinander ab.

2. Bestimmen Sie die sog. Positionslängen, das sind Vokale, auf die zwei oder mehr Konsonanten folgen. Ausnahme: Ist der erste Konsonant ein b, d, g, p, t oder c und der zweite ein l, m, n oder r, kann die Silbe lang oder kurz sein.

3. Beachten Sie die folgenden Zusatzregeln:
a) Diphthonge (griech. „Doppellaute", z.B. ae, oe, ai) sind immer lang.

b) Ein Vokal, der innerhalb eines Wortes unmittelbar vor einem Vokal steht, ist kurz (z.B. invidĕatis).
c) Treffen Vokal (+ m) am Wortende und (h +) Vokal am Wortanfang aufeinander, werden die Silben zusammengezogen: z.B. primaqu(e) ab (Elision, lat. „Ausstoßung") oder nimium (e)st (Aphärese, griech. „Wegfall", nur bei Formen von esse).

4. Verteilen Sie schließlich die restlichen Längen und Kürzen, bis die Verse „aufgehen". Nutzen Sie ggf. Ihr Wissen über Naturlängen; diese sind auf allen Lernvokabeln angegeben (z.B. aethēr); bei Endungen hilft die Grammatik (z.B. -ā [Abl. Sg. a-Dekl.] oder -īs [Dat./Abl. Pl. a- und o-Dekl.]).

Das Ergebnis für zwei Ovidverse (*Metamorphosen* 1,1f.; vgl. S. 36 oben) sieht so aus:

$$- \; U \; U \mid \; - \; UU \mid - \quad - \mid - \; - \mid - U \, U \mid \; - \; -$$
In nova fert animus mutatas dicere formas

$$- \; U \, U \mid \; - \; - \mid - \quad - \mid \; - \quad - \mid - U \; U \mid - -$$
corpora. Di, coeptis – nam vos mutastis et illas

Wörter und Namen

Rhetorik für die Republik – Cicero gegen Antonius

Wörter

animal, ālis *n*	Tier, Lebewesen
bellicōsus	kriegerisch
bellum cīvīle	Bürgerkrieg
certāmen, inis *n*	Kampf, Streit
clādēs, is *f*	Unglück, Niederlage
coetus, ūs *m*	Versammlung, Vereinigung
concordia	Eintracht, Einigkeit
cōnsēnsus, ūs *m*	Einigkeit, Einmütigkeit
cōnsentīre, cōnsentiō, cōnsēnsī, cōnsēnsum	einig sein
cōnsulāris, is *m*	Ex-Konsul
contingere, contingō, contigī, contāctum	zustoßen
crūdēlitās, ātis *f*	Grausamkeit
cruentus	blutig
cruor, ōris *m*	Blutvergießen
dēdecus, oris *n*	Schande
dēmēns, dēmentis	wahnsinnig
dēsīgnātus	(für das nächste Jahr) für ein Amt bestimmt
dīligentia	Umsicht
discordia	Zwietracht
discrīmen, inis *n*	entscheidender Augenblick, Krise
dissipāre	zerstreuen
diūturnus	dauerhaft
domī	zuhause, im Haus
dominātiō, ōnis *f*	Gewaltherrschaft
effundere, effundō, effūdī, effūsum	verschleudern
exitus, ūs *m*	Ausgang
fēlicitās, ātis *f*	Glück
foedus	scheußlich
gremium	Schoß
hūmānitās, ātis *f*	Menschlichkeit, Bildung
humilis, e	gemein, gering
īgnōminia	Schande
immānis, e	ungeheuer
integer, gra, grum	moralisch einwandfrei
intervallum	Zwischenzeit, Pause
intolerābilis, e	unerträglich
invādere, invādō, invāsī, invāsum	eindringen
īrātus	wütend, zornig
iugulāre	die Kehle durchschneiden, töten
latrō, ōnis *m*	Räuber
lectus	Bett
luxuriōsus	protzig
magnificus	großartig
miseria	Elend
oblīviō, ōnis *f*	Vergessen
oblīvīscī, oblīvīscor, oblītus sum *m. Gen.*	vergessen
patrimōnium	Erbe
perniciōsus	verderblich, verhängnisvoll
persōna	Rolle, Person
pietās, ātis *f*	Pflichtgefühl
poēta *m*	Dichter
postrīdiē	(sogar noch) am nächsten Tag
pretiōsus	kostbar
proprius *m. Gen.*	charakteristisch für
quodsī	wenn aber
sēmen, sēminis *n*	Samen, Ursprung, Urheber; Wesen
senātūs cōnsultum	Senatsbeschluss
silentium	Schweigen
splendidus	großartig
subolēs, is *f*	Nachkommenschaft
taeter, taetra, taetrum	abscheulich, schändlich
totiēns	so oft
valētūdō, inis *f*	Gesundheit, Gesundheitszustand

Namen

Brundisium	heute Brindisi, Hafenstadt in Kalabrien (am „Stiefelabsatz")
(L. Sergius) Catilīna, ae *m*	**Lūcius Sergius Catilīna,** römischer Adliger, Anstifter der Verschwörung 63/62 v. Chr.
Charybdis	aus dem Mythos bekannte Klippe mit gefährlichem Strudel, der vorbeifahrende Schiffe einsaugte, berühmt v. a. durch die Fahrt des Odysseus zwischen Charybdis und der gegenüberliegenden Scylla hindurch.
C. Mārcius Coriolānus	römischer Adliger aus der Zeit der frühen Republik. Nachdem er 491 v. Chr. aus Rom verbannt worden war, kehrte er aus Rache mit dem Heer der Volsker zurück, um Rom zu erobern. Der Sage nach überredeten ihn seine Mutter und seine Frau Volumnia, den Angriff abzubrechen. Daraufhin töteten ihn die Volsker.

Helena	wegen ihrer Schönheit berühmte Gattin des Griechenkönigs Menelāus. Sie wurde von dem trojanischen Königssohn Paris aus Liebe nach Trōia entführt. Diese Entführung löste den zehnjährigen Trojanischen Krieg aus.
Ituräer	arabischer Volksstamm (in der Gegend des heutigen Libanon), berüchtigte Räuber. Nach Cicerō (*Philippicae* 2,112) hat Antōnius bei einer Senatssitzung ituräische Bogenschützen zu seinem persönlichen Schutz auf dem Forum aufgestellt.
Spartacus	legendärer Anführer des berühmtesten Sklavenaufstands der Antike. Der Thraker Spartacus, der zum Gladiator ausgebildet wurde, brach im Jahre 73 v. Chr. mit ca. 70 Gefährten aus einer Gladiatorenkaserne bei Capua aus; durch Hirten und entflohene Sklaven wurde sein Heer schnell größer; er schlug sogar am Vesuv ein römisches Heer in die Flucht. Seine Sklavenarmee wuchs in den nächsten zwei Jahren auf über 100 000 Mann an, sie konnte römische Truppen mehrfach besiegen und wurde schließlich erst 71 v. Chr. von M. Licinius Crassus besiegt. Die 6 000 Überlebenden der Schlacht wurden an der Via Appia gekreuzigt.
Suessa Aurunca	römische Kolonie, 313 v. Chr. gegründet, ca. 80 km nordwestl. von Neapel

Mythos und Verwandlung – Ovids Metamorphosen

Wörter

aethēr, eris *m* (*Akk.* -era)	Himmel
āla	Flügel
alligāre	verbinden
antrum	Höhle
āter, ātra, ātrum	dunkel, schwarz
baculum	Stock
captāre	fangen, greifen nach
celeber, bris, bre	berühmt
cēra	Wachs
cervīx, īcis *f*	Nacken
color, ōris *m*	Farbe
cruentus	blutig
cruor, ōris *m*	Blut
cupīdō, inis *f*	Verlangen, Begierde
digitus	Finger
ebur, oris *n*	Elfenbein (Schnitzerei)
ēnsis, is *m*	Schwert
ērudīre	lehren, erziehen
exitus, ūs *m*	Ausgang
faciēs, ēī *f*	Gestalt, Aussehen
fax, facis *f*	Fackel
fētus, ūs *m*	Frucht
gelidus	kalt
geminī *Pl.*	beide
geminus	doppelt
gradus, ūs *m*	Schritt
hērōs, ōis *m*	Held
immēnsus	unendlich
mīrābilis, e	bewundernswert
miserābilis, e	bejammernswert
mundus	Welt
niveus	schneeweiß
ōsculum	Kuss
pactus	verabredet
pāstor, ōris *m*	Hirte
pendēre, pendeō, pependī	hängen, schweben
penna	Feder
pollex, icis *m*	Daumen
pōmum	(Obst-)Frucht
prōlēs, is *f*	Nachkomme
pulsāre	schlagen
pulvis, eris *m (u. f)*	Staub, Sand
rādīx, īcis *f*	Wurzel
retrō	zurück
sepulcrum	Grab(mal)
sollemnis, e	festlich
solum	Erdboden
supplēre, suppleō, supplēvī, supplētum	anfüllen
tenuis, e	dünn, zart
timidus	furchtsam
tingere, tingō, tīnxī, tīnctum	färben
tremere, tremō, tremuī	zittern
tumulus	Grabhügel
vetāre, vetō, vetuī, vetitum	verbieten
vincīre, vinciō, vinxī, vinctum	fesseln

Wörter und Namen

Namen

Avernus — Averner See, ein Kratersee in Mittelitalien, den man für den Eingang zur Unterwelt hielt

Avernus *auch Adj.*

Bēlides, dum *f* — nach ihrem Großvater Bēlus genannt; sie heißen nach ihrem Vater Danaus auch Danaiden. In der Unterwelt müssen sie, weil sie alle bei ihrer Hochzeit ihre Gatten getötet haben, endlos Wasser in ein durchlöchertes Fass tragen.

Boōtēs, ae u. is — griech. der Ochsentreiber; ein Sternbild in der Nähe des Großen Wagens

Calymnē, ēs *f* — Insel der Ägäis (auf der Flugroute des Daedalus)

Chaos *n* — der leere finstere Weltraum vor Erschaffung der Welt

Cíconēs, num *m* — ein Volk der Thraker (im Nordosten Griechenlands)

Daedalus — athen. Baukünstler, Erbauer des Labyrinths auf Kreta. Vater des Īcarus

Dēlos, ī *f* — Insel der Ägäis (zur Inselgruppe der Kykladen gehörend)

Eumenidēs, um — die Rachegöttinnen (Erinnyen); der Name bedeutet „die Gnädigen" und steht euphemistisch für die Erinnyen.

Eurydicē, ēs — Gattin des Orpheus; sie starb an einem Schlangenbiss. Als ihr Gatte sie aus der Unterwelt zurückholen wollte, drehte er sich gegen das ausdrückliche Verbot auf dem Rückweg nach seiner Gattin um, worauf Eurydicē erneut in die Unterwelt zurückkehren musste.

Hēliadēs, um — die Heliaden, die Töchter des Sonnengottes (griech. Helios); ihre Tränen werden zu Bernstein.

Helicē, ēs *f* — Sternbild des Großen Bären bzw. des Großen Wagens

Hymenaeus — Hymenaios, der Hochzeitsgott, dargestellt in gelbem Mantel mit einer Fackel

Hymēttos (*Adj.* **Hymettius**) — ein durch seinen Honig berühmter Berg südöstlich von Athen

Īcarus — Sohn des Daedalus; er stürzt auf der Flucht von Kreta ins Meer, das später nach ihm das Ikarische Meer genannt wird.

Ixīōn, ōnis — muss für einen Frevel in der Unterwelt büßen; er ist an ein sich ewig drehendes feuriges Rad geschmiedet.

Lebinthos, ī *f* — kleine Insel der Ägäis (zur Inselgruppe der Sporaden gehörig)

Medūsa (*Adj.* **Madūsaeus**) — eine der drei Gorgonen; sie trägt Schlangenhaare, und wer sie ansieht, wird zu Stein. Das mōnstrum Medūsaeum ist der Höllenhund Cerberus, der den Eingang zur Unterwelt bewachte und der von Herculēs aus der Unterwelt geholt worden war.

Mīnōs, ōis — König von Kreta, Sohn des Iuppiter und der Eurōpa; er lässt von Daedalus das Labyrinth als Aufenthaltsort für den Mīnōtaurus erbauen. Später versucht er Daedalus und dessen Sohn Īcarus auf der Insel zurückzuhalten.

Nāiadēs, um *f* — Die Najaden sind Quell- oder Flussnymphen; in ihrer Begleitung wird Eurydicē von einer Schlange gebissen und stirbt.

Nīnus — sagenhafter Gründer des assyrischen Reiches, Gatte der Semīramis

Ōrīōn, ōnis — ein Jäger aus Böotien; er wird von Diāna getötet und mit seinem Hund als Sternbild an den Himmel versetzt.

Orpheus, eī — thrakischer Sänger und Dichter, Gemahl der Eurydicē

Paphus, ī *f* — Tochter des Pygmalīōn, die die Stadt Paphos auf Zypern gründete und dort einen berühmten Tempel zu Ehren der Aphrodite (Venus) errichtete. Der hērōs Paphius ist Pygmalīōn.

Paros, ī *f* — Insel in der Ägäis (wie Delos zur Inselgruppe der Kykladen gehörend)

Pygmalīōn, ōnis — Künstler auf Zypern; auf seine Bitten verleiht Venus einer von ihm geschaffenen Mädchen-

Wörter und Namen

	statue, in die er sich verliebt hat, Leben.
Pȳramus	aus Babylon, hat sich in Thisbē verliebt
Rhodopē, ēs *f* (*Adj.* **Rhodopēius**)	die Rhodopen, ein hohes Gebirge im Norden der Ägäis, zu Griechenland und zum größeren Teil zu Bulgarien gehörig. Mit Rhodopēius vātēs und Rhodopēius hērōs ist jeweils Orpheus gemeint.
Semīramis, idis *f*	Gattin und Nachfolgerin des assyrischen Königs Nīnus; sie soll die Mauern Babylons errichtet haben. Die „Hängenden Gärten der Semiramis" gelten als eines der Sieben Weltwunder.
Sīdōn, ōnis *f* (*Adj.* **Sīdōnis, idis**)	älteste Stadt Phönikiens (heute Saida im Libanon): Sīdōn ist bekannt vor allem durch seine Purpurproduktion. Der violette Farbstoff wurde mühsam aus einer bestimmten Drüse der Purpurschnecke gewonnen. Dabei wurden riesige Mengen von Schnecken benötigt, was die Purpurfarbe so kostbar machte.
Sīsyphus	musste in der Unterwelt als Strafe für begangene Freveltaten einen Felsblock immer wieder einen Hang hinaufwälzen; dieser rollte aber, wenn der Gipfel fast erreicht war, wieder hinunter.
Styx, Stygis *f*	Fluss der Unterwelt, bei dem die Götter ihre unverbrüchlichen Eide schworen
Taenarum (*Adj.* **Taenarius**)	Vorgebirge im Süden der Peloponnes mit einer Höhle, die als Eingangstor zur Unterwelt galt
Tantalus	König von Phrygien, Vater des Pelops und der Niobē; er wurde wegen Verrats von Geheimnissen der Götter und anderer Frevel in der Unterwelt zu ewigen Hunger- und Durstqualen verurteilt. Er musste unter einem früchtebeladenen Baum im Wasser stehen; wollte er essen oder trinken, so wichen das Wasser und die Äste des Baumes vor seinem Zugriff zurück.
Tartarus / Tartara, ōrum *n*	die Unterwelt
Thisbē, ēs	eine schöne Babylonierin, die Geliebte des Pȳramus; sie ersticht sich selbst mit dem Schwert des toten Geliebten, als sie erkannt hat, dass der sich ihretwegen umgebracht hat.
Tityos, ī *m*	Riese auf Euboea. Er wollte die Lātōna entführen; zur Strafe wurde er in der Unterwelt angekettet und Geier fraßen an seiner stets nachwachsenden Leber.

Kommunikation im Brief – Cicero und Plinius

Wörter

admonēre	erinnern, ermahnen, züchtigen
aeger, aegra, aegrum	krank
aegrē	nur mit Mühe, kaum
aliquandō	bisweilen, irgendwann
ambulāre	spazieren gehen
artifex, icis *m*	Künstler
cāritās, ātis *f*	Liebe, Fürsorge
cottīdiē	täglich
cum ... tum	sowohl ... als besonders
dēcēdere, dēcēdō, dēcessī, dēcessum	weggehen, sterben
dēcumbere, dēcumbō, decubuī	sich niederwerfen (als Zeichen der Niederlage)
dictāre	diktieren
ēloquentia	Redegewandtheit, Beredsamkeit
error, ōris *m*	Irrtum
ērudītus	geistreich, gebildet
eximius	außerordentlich
facultās, ātis *f*	Fähigkeit
favēre *m. Dat.*	jdn. begünstigen, jdm. gewogen sein
fidēlis, e	treu, zuverlässig
fortasse	vielleicht
gladiātor, ōris *m*	Gladiator, Schwertkämpfer
hūmānitās, ātis *f*	Menschlichkeit
ideō	deshalb
ingenuus	frei geboren, von freien Eltern abstammend
inhūmānus	unmenschlich
interdum	manchmal
magister, trī *m*	Lehrer

127

Wörter und Namen

mātrōna	(ehrbare) Frau	
medicus	Arzt	
occāsiō, ōnis *f*	Gelegenheit	
occupātiō, ōnis *f*	Beschäftigung	
pietās, ātis *f*	Pflichtgefühl	
plānē	völlig	
potissimum	in erster Linie	
praeceptor, ōris *m*	Lehrer	
praeceptum	Regel, Vorschrift	
pueritia	Kindheit	
quiēs, quiētis *f*	Ruhe	
quod sī / quodsī	wenn aber	
quot	wie viele, wie	
rēctor, ōris *m*	Lenker	
rūmor, ōris *m*	Gerücht	
sapiēns, entis	weise	
schola	Schule	
sevēritās, ātis *f*	Strenge	
sī quandō	wenn einmal	
silentium	Stille	
simulāre	vortäuschen	
spectāculum	Schauspiel	
studiōsus	eifrig, sorgfältig	
suādēre, suādeō,		
suāsī, suāsum	raten	
suāvis, e	liebenswürdig	
testāmentum	Testament, Verfügung	
ūnicus	einzigartig	
valētūdō, inis *f*	Gesundheit(szustand)	
vehiculum	Wagen	
vēlōx, ōcis	schnell	
venter, ventris *m*	Bauch, Magen	
versus, ūs *m*	Vers	
virīlis, e	männlich, Männer-	

Namen

Amȳmōnē Mārcī — Name, der auf einem Grabstein aus der Umgebung Roms aus dem 2. Jh. n. Chr. stand; vermutlich Freigelassene bzw. Frau des Freigelassenen Mārcus

Atīlius — wahrscheinlich **At(t)īlius Crēscēns**, Freund des Plīnius aus Oberitalien, dessen witzige Bemerkungen damals gern angeführt wurden

Caligula — eigentlich **Gāius Iūlius Caesar Germānicus**; röm. Kaiser von 37–41

Calvīsius — **C. Calvīsius Rūfus**; Ratsherr aus Cōmum und Freund des Plīnius; Adressat mehrerer

---

Briefe moralischen und landwirtschaftlichen Inhalts

Catō, ōnis — **Mārcus Porcius Catō Cēnsōrius**; 234–149 v. Chr.; röm. Politiker und Schriftsteller; 184 v. Chr. als Zensor besonders sittenstreng, daher der Beiname Cēnsōrius; griech. Einflüssen gegenüber feindselig eingestellt, vgl. die Ausweisung einer Gruppe griech. Philosophen 155 v. Chr.; warnte die Römer immer wieder vor einem Wiedererstarken Karthagos und forderte die endgültige Zerstörung der Stadt; bekannteste Werke: *Orīginēs* (Geschichtswerk von den Anfängen Roms bis auf seine Zeit, sollte durch Beispiele erzieherisch wirken); *Dē agrī cultūrā* (Einführung in die Landwirtschaft, zwar den Idealen des altitalischen Bauerntums verpflichtet, aber zugleich strikt auf Gewinnstreben und Wirtschaftlichkeit ausgerichtet; älteste vollständig erhaltene lateinische Prosaschrift)

Cicerō, ōnis — **Mārcus Tullius Cicerō**; 106–43 v. Chr.; röm. Politiker, Redner, Philosoph und Schriftsteller; aus dem Ritterstand stammend, hervorragende rhetorische und philosophische Ausbildung in Rom und Griechenland; seit dem Verrēs-Prozess 70 v. Chr. der führende Redner Roms; durchlief die Ämterlaufbahn als homō novus (75 Quästor, 69 Ädil, 66 Prätor, 63 Konsul, dabei Aufdeckung der Catilinarischen Verschwörung). Bedeutung: politisch gesehen energischer Verfechter der Ideale der alten röm. Republik, daher Konflikte mit Caesar und Mārcus Antōnius, die ihn politisch zurückwarfen und am Ende sogar zu seiner Ermordung führten; führender Redner Roms, der die röm.

Wörter und Namen

Beredsamkeit durch mehrere Schriften auf ein breites theoretisches Fundament stellte; Vermittler der griech. Philosophie für die Römer und Entwicklung einer philosophischen Terminologie in lat. Sprache; Latein Ciceros als Höhepunkt der klassischen röm. Kunstprosa; Briefsammlung als bedeutende historische Quelle (s. S. 61). Familienverhältnisse: ca. dreißigjährige Ehe mit Terentia, Scheidung 47/46 v. Chr.; eine Tochter Tullia (gest. 45 v. Chr.) und ein Sohn **Mārcus Tullius Cicerō**; 46–45 v. Chr. kurze Ehe mit der jungen **Pūblilia**; jüngerer Bruder **Quīntus**

Claudius **Tiberius Claudius Drūsus Nerō Germānicus**; röm. Kaiser 41–54

Corellia Hispulla Tochter des Q. Corellius Rūfus, der sich umbrachte, weil er eine schwere Krankheit nicht länger ertragen konnte; Mutter des Corellius Pānsa, Konsul um 122

Domitian **Titus Flāvius Domitiānus**; röm. Kaiser 81–96, tyrannischer Charakter

Epiktet **Epictētus**; ca. 50–125; stoischer Philosoph; ehemaliger Sklave, der in Rom mit der Stoa in Kontakt kam und später selbst lehrte mit Schwerpunkt auf der Ethik und auf der konkreten Umsetzung philosophischer Überlegungen

Formiae, ārum *f* Stadt in Latium an der Via Appia, wo etliche reiche Römer, u.a. Cicerō, eine Villa hatten

Fundānus **Minicius Fundānus**; Konsul 107 n. Chr., Statthalter der Provinz Asia um 124/125 n. Chr.

Fuscus evtl. Cn. Pedānius Fuscus Salīnātor, aufstrebender Anwalt aus angesehener Patrizierfamilie

Gāius kaum biographische Daten vorhanden; Erteilung von juristischem Anfangsunterricht um 160 n. Chr., wahr-

scheinlich in Bērȳtus (heute Beirut); Verfasser eines allgemeinverständlichen und übersichtlich aufgebauten Elementarlehrbuchs *(Īnstitūtiōnum librī IV)*, das im ganzen röm. Reich verbreitet war und die einzige fast vollständig erhaltene Juristenschrift aus der Blütezeit des röm. Rechts ist

Historia Augusta Sammlung von 30 Biographien röm. Kaiser, beginnend mit Hadrian; vermutlich verfasst im 4./5. Jh. von mehreren Autoren; eine der umstrittensten Quellen des Altertums, da neben zuverlässigen Informationen auch etliche fiktive Elemente und offensichtlich falsche Darstellungen enthalten sind

Horaz **Quīntus Horātius Flaccus**; 65–8 v. Chr.; Sohn eines Freigelassenen, der, gefördert von **Maecēnās**, zu einem der bedeutendsten Dichter der augusteischen Zeit aufstieg und auch bei Kaiser Augustus in höchstem Ansehen stand; Verfasser u.a. von *Satiren* („Plaudereien") und *Oden*, die sich an verschiedene griech. Vorbilder anlehnen

Iūnior **C. Terentius Iūnior**; ein hochgebildeter Mann, der auf Erhebung in den Senatorenstand verzichtete und lieber auf seinen Gütern bei Perusia lebte; vorher Dienst bei der Kavallerie und Prokurator der Provinz Gallia Nārbōnēnsis

Juvenal **Decimus Iūnius Iuvenālis**; ca. 60–130; röm. Satirendichter; Verfasser von 16 *Satiren*, die Einblick ins Alltagsleben der Römer geben; dabei eher pessimistische Grundstimmung und oft gnadenlose Kritik an verschiedenen gesellschaftlichen Zuständen seiner Zeit (→ Horaz)

Martial **Mārcus Valerius Mārtiālis**; ca. 40–100; röm. Dichter, der v. a. zur Zeit des Kaisers Domiti-

Wörter und Namen

an großes Ansehen genoss; Verfasser von *Epigrammen*, also kurzen, pointierten Gedichten, in denen er ein lebhaftes Bild des röm. Lebens zeichnete und verbreitete Laster (z.B. Erbschleicherei, Geiz) schonungslos offenbarte

Nerō, ōnis **Tiberius Claudius Nerō;** röm. Kaiser 54–68, der unter dem Einfluss Senecas zuerst gut herrschte, dann aber immer mehr zum Tyrannen wurde

Nerva, ae *m* **Mārcus Coccēius Nerva;** röm. Kaiser 96–98

Ovid **Pūblius Ovidius Nāsō;** 43 v. Chr.– ca. 18 n. Chr.; röm. Dichter, der aufgrund seiner z.T. frivolen Dichtung (v.a. *Ars amātōria*, in der er jungen Männern und Frauen Tipps gibt, wie sie beim anderen Geschlecht gut ankommen) in Konflikt mit Kaiser Augustus' moralischer Erneuerungsbewegung geriet und von diesem ans Schwarze Meer verbannt wurde; bekanntestes Werk: *Metamorphosen*

Paternus wohl **Decimus Paternus Plīnius;** Freund des Plīnius; evtl. auch **L. Plīnius Paternus Pusilliēnus;** entfernter Verwandter aus Cōmum

Petron **Gāius Petrōnius Arbiter;** gest. 66 n. Chr.; Vertrauter Neros und dessen Sachverständiger in Fragen der feinen Sitten und des guten Geschmacks, von diesem aber schließlich wegen angeblicher Beteiligung an einer Verschwörung zum Suizid gezwungen; Verfasser eines satirischen Romans *(Satyricōn)*

Plīnius **Gāius Plīnius Caecilius Secundus Minor;** ca. 61–113; röm. Beamter, Anwalt und Schriftsteller; ca. 94 Prätor, 100 Konsul, ab ca. 111 Statthalter der Provinzen Bīthȳnia und Pontus; Verfasser einer Briefsammlung, die fundierte Einblicke in das gesellschaftliche Leben des 1. Jh.s n. Chr. gibt, vgl. S. 61f.

Pompēius **Gnaeus Pompēius Magnus;** 106–48 v. Chr.; einflussreicher Politiker und Feldherr, der nach zahlreichen militärischen Erfolgen (u. a. Beendigung der Seeräuberplage im Mittelmeer) zum Hauptgegner Cäsars wurde und diesem unterlag; nach einem dreifachen Triumph im Jahr 61 v. Chr. Stifter eines bedeutenden Theaters in Rom, das 55 v. Chr., im zweiten Konsulat des Pompēius, eingeweiht wurde

Pūblilius Syrus 1. Jh. v. Chr.; röm. Freigelassener aus Syrien, Verfasser von Mimen (verloren) und einer Sammlung von Sentenzen

Seneca, ae *m* **Lūcius Annaeus Seneca;** 4 v. Chr.– 65 n. Chr.; röm. Schriftsteller, Politiker und stoischer Philosoph; Erzieher Neros und später zeitweise Minister unter diesem als Kaiser, von diesem aber wegen angeblicher Beteiligung an einer Verschwörung zum Suizid gezwungen; zahlreiche philosophische Schriften in Form von Dialogen oder essayartigen Briefen (vgl. dazu S. 61)

Stoiker Anhänger der philosophischen Strömung der Stoa, die um 300 v. Chr. von Zenon von Kition gegründet wurde. Zentrale Gedanken der Lehre: Feuer als das Element, aus dem der Kosmos in regelmäßigen Abständen entsteht und wieder vergeht; strenge Determination der Welt und Unabänderlichkeit des Schicksals, daher Streben des Menschen nach Apathie, durch die er seine Freiheit wahrt, indem er sich mit Hilfe seiner Vernunft in sein Schicksal fügt

Trajan **Mārcus Ulpius Trāiānus;** röm. Kaiser 98–117

Wörter und Namen

Trallēs, ium *f* auch **Trallīs** (oder griech. Tralleis); Stadt in Lydien (Kleinasien)

Vergil **Pūblius Vergilius Marō;** 70–19 v. Chr.; einer der bedeutendsten röm. Dichter zur Zeit des Augustus, Verfasser u. a. des National-epos *Aenēis*

Denken und Handeln – Texte zur Philosophie

Wörter

blandīmentum	Reiz, Verlockung
cōgnitiō, ōnis *f*	Erkenntnis
cohaerēre, cohaereō, cohaesī	zusammenhängen
coīre, coeō, coiī	sich zusammenfinden, sich vereinigen
colloquī, colloquor, collocūtus sum	sich unterhalten
cruor, ōris *m*	Blut
dēsidēre, dēsideō, dēsēdī	müßig dasitzen
discipulus	Schüler
disputāre	erörtern, diskutieren
disputātiō, ōnis *f*	(philos.) Streitgespräch
dissentīre, dissentiō, dissēnsī	verschiedener Meinung sein, streiten
error, ōris *m*	Irrtum
exitus, ūs *m*	Ende
innumerābilis, e	unzählig
lūsus, ūs *m*	Spiel
luxuria	Zügellosigkeit
māne	morgens
merēre, mereō, meruī, meritum	verdienen
merīdiē	mittags
mīlitāre	Kriegsdienst leisten
mīlitia	Kriegsdienst
misericordia	Mitleid, Mitgefühl
nōnnumquam	manchmal
peccāre	(Fehler) begehen
praeceptum	Lehre, Weisung
proprium	Eigentum
proprius	eigentümlich, charakteristisch
prōvidentia	Vorsehung
quiēs, ētis *f*	Ruhe
sapiēns, entis	weise

sapientia	Weisheit, Philosophie
societās, ātis *f*	Gemeinschaft
spectāculum	Schauspiel, Aufführung
spectātor, ōris *m*	Zuschauer
studiōsē	eifrig
tranquillitās, ātis *f*	Ruhe
utique	jedenfalls
valētūdō, inis *f*	Gesundheit

Namen

Anaxagorās, ae *m*	griech. Philosoph, um 500–428 v. Chr., aus Klazomenai in Kleinasien
Archelāus	griech. Philosoph aus Milet, Schüler des Anaxagorās, Lehrer des Sōcratēs
Campānia	heute Kampanien, sehr fruchtbare Landschaft zwischen Rom und Neapel, galt in der Antike wegen seines herrlichen Klimas als Campānia fēlīx („glückliches Kampanien") und war berühmt für seinen Reichtum an Getreide, Wein, Gemüse und Obst, den es dem vulkanischen Boden verdankte. Wichtigste Städte Kampani-ens waren Capua, Neapel und Pompeji und die „mondäne" Partystadt Bāiae.
Hannibal, balis	karthagischer Feldherr (247–183 v. Chr.), berühmtester Feind der Römer, der sie im Zweiten Punischen Krieg wiederholt an den Rand der völligen Niederlage brachte. Nach seinem Alpenübergang besiegte er die römischen Hee-re mehrfach in Italien (vor allem 216 v. Chr. bei Cannae), musste sich 203 v. Chr. aus Italien nach Nordafrika zurückziehen, wo er 202 v. Chr. von Scīpiō geschlagen wurde. Nach mehrfacher Flucht vor den Römern nahm er sich 183 v. Chr. durch die Einnahme von Gift das Leben.
Perdicca, ae *m*	Perdiccas, König von Makedo-nien, um 436–413 v. Chr., Vater des Archelāus

Weiterführende Literatur

Rhetorik für die Republik – Cicero gegen Antonius

Karl Christ: Krise und Untergang der römischen Republik, Darmstadt [4]2000.
Helmut Halfmann: Marcus Antonius, Darmstadt 2011.
Robert Harris: Imperium, München 2006.
Robert Harris: Titan, München 2009.
Ronald Syme: Die römische Revolution. Machtkämpfe im antiken Rom. Grundlegend revidierte und erstmals vollständige Neuausgabe, hrsg. von C. Selzer und U. Walter, Stuttgart 2003 (1. Auflage Oxford 1939).
Wilfried Stroh: Cicero. Redner, Staatsmann, Philosoph, München 2008.

Mythos und Verwandlung – Ovids Metamorphosen

Friedmann Harzer: Ovid, Stuttgart/Weimar 2002.
Niklas Holzberg: Ovids Metamorphosen, München 2007.
Markus Janka u.a.: Ovid. Werk, Kultur, Wirkung, Darmstadt 2007.
Ulrich Schmitzer: Ovid, Hildesheim/Zürich/New York 2001.
Michael von Albrecht: Das Buch der Verwandlungen. Ovid-Interpretationen, Darmstadt 2000.

Kommunikation im Brief – Cicero und Plinius

Peter Connolly / Hazel Dodge: Die antike Stadt. Das Leben in Athen & Rom, Köln 1998.
Elisabeth Herrmann-Otto: Sklaverei und Freilassung in der griechisch-römischen Welt, Hildesheim 2009.
Stefan Knoch: Sklavenfürsorge im Römischen Reich. Formen und Motive, Hildesheim 2005.
Ingemar König: Vita Romana. Vom täglichen Leben im alten Rom, Darmstadt 2004.
Christiane Kunst: Leben und Wohnen in der römischen Stadt, Darmstadt [2]2008.
Nancy H. und Andrew Ramage: Das Alte Rom. Leben und Alltag, Stuttgart 2012.
Karl-Wilhelm Weeber: Alltag im Alten Rom. Das Leben in der Stadt: Ein Lexikon, Mannheim 2003.
Karl-Wilhelm Weeber: Luxus im Alten Rom. Die öffentliche Pracht, Darmstadt 2006.
Thomas Wiedemann: Kaiser und Gladiatoren. Die Macht der Spiele im antiken Rom, Darmstadt 2001.

Denken und Handeln – Texte zur Philosophie

Manfred Fuhrmann: Seneca und Kaiser Nero. Eine Biographie, Berlin 1997.
Marion Giebel: Seneca, Hamburg 1997.
Gregor Maurach: Geschichte der römischen Philosophie. Eine Einführung, Darmstadt [3]2006.
Gregor Maurach: Seneca. Leben und Werk, Darmstadt 2005.

Bildnachweis

Archiv für Kunst und Geschichte, Berlin – S. 20, 23, 43, 46, 52, 54, 57, 58, 71, 113, 116; Archiv für Kunst und Geschichte / Hervé Champollion, Berlin – S. 88; Archiv für Kunst und Geschichte / Peter Connolly, Berlin – S. 67; Archiv für Kunst und Geschichte / De Agostini Pict. Lib., Berlin – S. 41, 56, 74; Archiv für Kunst und Geschichte / Werner Forman, Berlin – Einband; Archiv für Kunst und Geschichte / Erich Lessing, Berlin – S. 18, 51, 73, 85, 112; Archiv für Kunst und Geschichte / Gilles Mermet, Berlin – S. 66; Archiv für Kunst und Geschichte / Nimatallah, Berlin – S. 82, 92; Archiv für Kunst und Geschichte / Rabatti-Dominigie, Berlin – S. 63; Archiv für Kunst und Geschichte / Sotheby's, Berlin – S. 37; Archiv für Kunst und Geschichte / Warner Brothers, Album, Berlin – S. 57; asisi.de@asisi – S. 60

Bildagentur Mauritius / Frank Lukasseck, Mittenwald – S. 109; Bildarchiv Cinetext, Frankfurt – S. 7, 22, 34; Bridgeman Art Library, Berlin – S. 6; Bridgeman Art Library / Alinari, Berlin – S. 95; Bridgeman Art Library / Phoenix Art Museum, Arizona, Berlin – S. 104 (2); Bridgeman Art Library / Private Collection. Philipps Fine Art Auctioneers, New York – S. 117; British Museum, London – S. 17 (2)

dpa Picture-Alliance / EPA, AFP, Paul Richard, Frankfurt – S. 29; dpa Picture-Alliance / Rainer Jensen, Frankfurt – S. 52; Prof. Dietrich Döner, Bamberg – S. 106

Fotolia / Hendrik Schwartz – S. 101

Getty images / DEA, A. Dagli Orti, München – S. 44
Roy Hessing, München – S. 28; http://www.wikimedia.org – S. 65; http://www.wikipedia.org – S. 99

Interfoto / Alinari, München – S. 25

Ulf Jesper, Kiel – S. 30

Kunstsammlung „Leipziger Hof" im Galerie Hotel Leipziger Hof, Leipzig – S. 47

Museo della Civiltà Romana, Rom – S. 78

Photo Scala, Florenz – S. 76, 96; Photo Scala / Fotografica Foglia – courtesy of the Ministero Beni e Att. Culturali, Florenz – S. 70; Photo Scala / Galleria degli Uffizi, Florenz – S. 114; Preußischer Kulturbesitz / Antikensammlung, SMB, Berlin – S. 107; Preußischer Kulturbesitz / Antikensammlung, Staatl. Museen zu Berlin, Johannes Laurentius, Berlin – S. 98; Preußischer Kulturbesitz / Münzkabinett, SMB / Reinhard Saczewski, Berlin – S. 11 (2), 16; Preußischer Kulturbesitz / Scala, Berlin – S. 9

Dr. Wilfried Stroh, München – S. 28

Thinkstock / iStockphoto – S. 90

Ullstein-Bild, Berlin – S. 53; Ullstein-Bild / KPA, Berlin – S. 80

VG Bild-Kunst, Bonn 2012 – S. 47, 117